国語科と公民科をつなぐ。

文学模擬裁判のつくりかた

模擬裁判師
（龍谷大学教員）
札埜和男
著

清水書院

はじめに─非常識のススメ。文学模擬裁判って何？─

　この書はある意味「非常識」な本です。筆者は「模擬裁判を通じて、法の知識や法的思考力に留まらず、人間や社会という不条理な存在を深く考える姿勢を養う模擬裁判」を「国語的模擬裁判」とし、その中でも文学作品を題材とした模擬裁判を「文学模擬裁判」と定義しています。つまり文学作品(小説、古文や漢文、随筆、落語、演劇など)をモチーフにした模擬裁判のことです。文学模擬裁判とは、「ことば」を通して法の知識や法的思考力を手段にして「人間とは何か」を考える模擬裁判なのです。

　公民(社会)科の模擬裁判は法の知識や法的思考力を養うことを目的とします。その目的とするところが手段となる点が、異なるといえるでしょう。

　一方国語科教員からすると文学作品は教室で読み合うもので、模擬裁判は公民科でやることだろ、と言われそうです。公民科教員も「模擬裁判」を、わざわざ文学作品でやる必要があるのか、と思うでしょう。国語科教育の研究者からも、『ごんぎつね』を模擬裁判化した際「わけのわからない方法で読み解くことなど言語道断」という声を聞きました。法律家からも「昔の事件など、被告人は死んでおり、事件も完全に時効を迎えているし、起訴できない上、審理も不可能、極めて不自然で受容できない」と言われたことがあります。さまざまな専門家からしたら「文学模擬裁判」は非常識なのです。

　けれど「常識」を疑わない限り、学問や教育の発展はありません。「非常識」だといわれようと、教育で重要なのは「実践」であり、「risk taker」であるべきです。実践を通じて生徒の成長が見られたら、それが非常識であろうと「正解」になります。学問の世界でいくら権威ある教育学の大家が高尚な理論を述べたところで、それが教室で使えないものならば、そんな理論など「無用の長物」です。これまでさまざまな学校で文学模擬裁判を実践し、生徒さんたちから多くの好評を頂いてきました。文学作品の主人公を被告人に仕立てる「非常識」を「魅力」として捉えて下さった生徒さんたちこそ、正当な評価者です。面白くて深くなる授業だという確信を持ちました。

　公民科での模擬裁判の場合、法的なものの見方や考え方を教える側面が強くなり、事件が時代の社会問題に繋がっているにも関わらず、なぜその人がそのような行動をとったのか背景を考える視点が弱くなります。また有罪か無罪か、証拠は何かに偏り、犯罪に走る人間の苦しみや汚れが裁判の過程に反映されません。その点文学は人間の醜い部分を描いており公民科の足りない点を補うことができます。

　国語科教育の研究者や実践者からは「なぜ裁判という形を取るのか」という疑問が出されます。まず文学も裁判もことばなくして成立しません。そして文学も裁判もことば

で人間を理解し、人間の存在に迫ります。また両者は「言語活動」と「多様な解釈」という共通する性質を備えています。国語科における文学作品の読みは多様でありつつ、その読みの正当性には説得力が求められます。裁判も事件について多様な解釈がありますが、最終的には一番説得力ある解釈が結論となります。文学と裁判には親和性があるといえます。また普通の文学教材の読解では「手持ちの人間観」が出るだけで表層が変わる程度ですが、模擬裁判という形式に落とし込むことで、リアルな条件設定下で当事者性を帯びることにより時として人間観の変容を迫られることになるのです。

　文学を模擬裁判という手法で読むことで生徒さんにどんな変化が生れるのか説明しましょう。「ごんぎつね」裁判で被告人・兵十を演じた生徒・Ａさんの感想です。

　一般的な模擬裁判は、事実を整理してそれを淡々と述べればいいだけでした。しかし文学模擬裁判は一般的なものよりも現実的でした。ただ事実を述べるだけではなく、自分の役になりきることが求められていました。そして役になりきってみると、今までは気づかなかった所、特に被害者の気持ちが分かり、言葉遣いや問い掛け方・守り方が変わりました。それまでは被告人＝ほぼ他人、と心の中で限ってしまっていた部分があったのですが、被告人は「私たちと同じように人権を尊重されるべき人である」という考え方に変わり、もっとしっかり被告人を守らないといけない、被告人を守りたいと強く思うようになりました。本番の裁判でもそういう弁護人役の子たちの温かい心をとてもよく感じられました。そういう意味で文学模擬裁判は 一般的な模擬裁判よりも現実的かつ温かみのあるものだったと思います。

　文学模擬裁判を通じてまず感じたことは、被告人も被害者も罪を犯した人も、決して他人ではないということです。私は被告人役でしたが被告人の気持ちすべてが分かったわけではありません。私が演じたのは私が思う私なりの兵十です。私と兵十は別人です。ただ、兵十がどんな人かを知って、その気持ちを想像することは出来ます。兵十のことを理解しようと、考えようとした時「兵十は私とは別人でも他人でもない」と感じました。生きる時代、環境が違っても、兵十が感じていたであろう感情に私も触れることができたので、他人ではないと強く思いました。（中略）そして裁かれるということがいかに恐ろしいことであるかを体験しました。特に反対質問では、私は悪い人間だと疑われていると感じましたし、あんなに長い間「あなたは殺意を持っていましたよね」と言わんばかりの質問をたくさんされたら、気が動転して否定しようにもできなくなってしまうのではないかと思いました。ひとつの裁判で自分のこれからの人生も、今までの人生の価値観も全部決まってしまいそうな気がしてとても怖かったです。だからこそ「疑わしきは被告人の利益に」という決まりは本当に大切だと実感しました。

フィクションにしてまで、兵十がごんを撃ってしまったことにしたのはなぜなのか。（中略）人間の弱さ・切なさを伝えるためであるのと同時にその弱さを持ちながらもあなたはどうやって生きていきますか、と問い掛けられているように思いました。

　文学は、芸術などと同様、作品の内容と地続きになって自分事に捉えられる優れた「装置」です。文学や芸術は声高に主張を叫ばずとも、そのうちに秘めたテーマについて考えを巡らすことができます。文学をもとに法と犯罪の間（はざま）から人間を考えることができるのです。文学模擬裁判の強みはモチーフが文学作品ゆえに、本物としての力、教材としての力を備える点です。文学という装置は「自分自身は犯罪者と全く異なる人間ではなく、地続きである」、「犯罪者と自分は異なる世界に生きる存在ではなく、同じ世界に生きる者同士である。裁く・裁かれる存在でもなく同じ人間として対等な存在であり、何かの拍子に誰もが（自身も含めて）犯罪を行う存在である」という意識を、自然と持つことができます。この「地続きの意識」は文学模擬裁判に取り組むにあたって、参加生徒に意識させたいことです。

　筆者には模擬裁判に取り組むのにあたって、裁判官や裁判員の第三者目線に基づく判断力だけで良いのか、という問題意識があります。教材の事件に向きあう際に、犯罪者は自分とは異なる人間であるという意識に陥りがちです。その意識を持ってしまうと「自分事」として捉えられなくなります。ことばや犯罪を通じて人間とは何かを考えていくと、見えてくることの１つは人間の愚かさです。それは自分の持つ愚かさに繋がります。自分自身の愚かさや人生への不可思議さへの気づきが土台（地盤）にあってこその法的思考力・判断力・表現力・論理力でないと、意味がないと考えます。その基盤がない状態での「○○力」はかえって恐ろしいです。犯罪を通じての当事者意識や自他への想像力が、人権意識を促すことに繋がります（文学模擬裁判は平和教育でもあります）。大事なのは、法的な思考力を手段として「何」を考えていくかであり、何のためにその力を生かすのかという視点です。国語科からいえば模擬裁判で養える資質・能力は、人間や社会という不条理で不合理な存在を深く考えようとする姿勢です。それは答えのない、終わりのない考え続ける道です。

　文学模擬裁判は設定が現代ではない分、相対的に想像力や価値を問う領域が広くなります。「一般的な模擬裁判に比べて、より登場人物の視点に立って行間を想像する力が問われたと思います。登場人物の心情だけでなく、当時の人の身長や価値観、金銭感覚などストーリーの設定を理解するのにも想像力が必要でした。ここが一般的な模擬裁判と比べて面白い所だと思います」という生徒・Ｂさんの感想があります。実践協力者の弁護士は、「価値観の前提として時代背景があり、そこをどこまで意識しているかも生徒により差があると思われ、そういう意味では、文学の背景にある歴史も学ぶ意味合い

や現代の価値観のみで計るべきではない部分があり、時代考証的な要素が絡み、各生徒の想像力も関わってくる」とし、価値観をめぐって葛藤するところが文学模擬裁判たる所以だと指摘しています。

そもそも模擬裁判では、現場の教員が苦労する探究的、教科横断的学習が、生活の視点に基づいて生徒の中から自然発生的に生まれます。

「モギサイは国語であり、理科であり、社会であり、スーガクだ」──

これは模擬裁判を体験した生徒・Cさんの「名言」です。扱う対象が森羅万象である分、その中身に応じて必要とされる専門知識は異なるので、模擬裁判の学びにはあらゆる教科のものの見方や考え方が要求され自然と「探究」に繋がるのです。全く異なる学校の生徒が述べた同じ意味合いのことばがあります。1人は、現役で東京大学の文科Ⅱ類に進学した生徒・Dさんのことばです。Dさんは「一度模擬裁判に取りつかれると模擬裁判なしでは生きていけなくなるほど心がむしばまれる」と振り返っています。もう1人は勉強が大嫌いだった生徒・Eさんのことばです。模擬裁判が終わった瞬間に「俺が求めていた教育はこれヤ!」と叫んだのです。模擬裁判が普遍性を持つのは、生徒が自身の生活体験から問いを立てやすい教材であり、抱く疑問が全て教材となり、しかも正解がないという性質があるからです。こういった模擬裁判の教育力を持つ文学模擬裁判は、人間の動機を吟味することで社会への見方も深められます。次の生徒・Fさんの感想は裁判のその先(向こう側)を見据えています。

人が罪を犯してしまうことに対する寂しさは前から持っていて、どうすればそうならずに済むのかということは今までも考えたことがあります。ですが今回の模擬裁判を経たことで、もし事件が起きてしまったらせめて何が救いになるのかという視点がさらに増えました。誰も傷つけ合わないというのはただの理想でしかなく、人間がいる限り犯罪はなくならないかもしれない。だったらそこに理由ばかり求めているだけでは足りなくて、過ちの先にあるべき救済措置を考えないと結局誰も救えないんだと気付かされました。だから、罪を償うとは何なのかや誰にとって意味があることなのかということも同時に考えるようになりました。

文学をモチーフに法を通じて自分事として捉え、想像力を巡らし、人間や社会を考える文学模擬裁判は、「文学(情)」と「論理(理)」をつなぎ、「国語」と「公共」を「架橋」するメソッドであり教材なのです。

2024年8月10日　京都・大宮学舎にて　　札埜　和男

もくじ

はじめに─非常識のススメ。文学模擬裁判って何？─　2

　本書の使い方　8

文学模擬裁判を始める前に ………………………………………………9

　文学模擬裁判　大切なこと　10

　文学模擬裁判　環境づくり─法廷と衣装─　14

　基本的な法律（裁判）の知識　16

コラム　山田悦子さん①「冤罪被害の実態」 ………………………23

『高瀬舟』で文学模擬裁判 ………………………………………………25

　1　『高瀬舟』について　26

　2　『高瀬舟』の舞台について　27

　3　争点と法律の説明　29

　4　翻　案　30

　5　事件発生から起訴まで　31

　6　シナリオ・公判の流れ　36

　7　登場人物のキャラクタリゼーション　74

　8　配　役　76

　9　医学的・歴史的観点　77

　10　シナリオの改編　81

　11　演　技　84

　12　模擬裁判本番　評議・判決・振り返り　88

コラム　遠山大輔弁護士「より良いプレゼンテーションのために」……93

『羅生門』で文学模擬裁判 ………………………………………………95

　1　『羅生門』について　96

　2　『羅生門』の舞台について　96

　3　争点と法律の説明　99

　4　翻　案　102

　5　事件発生から起訴まで　103

　6　シナリオ・公判の流れ　108

もくじ

7 登場人物のキャラクタリゼーション　142

8 配　役　143

9 歴史的・地理的観点　144

10 シナリオの改編　148

11 演　技　151

12 模擬裁判本番　評議・判決・振り返り　155

コラム　後藤貞人弁護士「弁護人の役割とは何か」・・・・・・・・・・・・・・・・・・161

『こころ』で文学模擬裁判・・・・・・・・・・・・・・・・・・・・・・・・・・・・・・・・・・・・・・163

1 『こころ』について　164

2 『こころ』ゆかりの舞台について　164

3 争点と法律の説明　166

4 翻　案　167

5 事件発生から起訴まで　168

6 シナリオ・公判の流れ　170

7 登場人物のキャラクタリゼーション　216

8 配　役　216

9 医学的観点を活かした検証とシナリオの改編　217

10 演　技　227

11 模擬裁判本番　評議・判決・振り返り　230

コラム　山田悦子さん②「法を学ぶということ」・・・・・・・・・・・・・・・・・・・・・234

おわりに―文学模擬裁判のススメ―　237

『文学模擬裁判のつくりかた』　ご購入者様への限定特典として、
　文学模擬裁判の英訳シナリオに基づいた、指導動画をご覧いただけます。
　また、本書で取り上げました『高瀬舟』、『羅生門』、『こころ』の模擬裁判で活用できる
資料や英訳シナリオをダウンロードできるサービスもございます。
　QRコードを読み込むか、URLから清水書院のウェブサイトにアクセスしていただき、
ユーザー名とパスワードを入力のうえ、ご確認ください。
　https://www.shimizushoin.co.jp/dl_bungakumogi/
　ユーザー名：bungakumogi
　パスワード：奥付（最終ページ）に記載されている本書 ISBN コード下 6 桁
＊動画視聴やダウンロードの際にかかる通信料は読者の負担となります。ご了承ください。

本書の使い方

① 「はじめに」で文学模擬裁判のねらいや思いを、「大切なこと」では実施にあたって心掛けて頂きたいことを述べています。

② 「基本的な法律（裁判）の知識」では、必要最小限の知識について書いています。

③ 『高瀬舟』・『羅生門』・『こころ』の順で掲載しています。興味関心ある作品だけ読んで頂いても実施できるようしています。QR コードより関連写真や資料を読み込めます。

④ 模擬裁判に至る準備や授業内容についてはおおよそ順番通りになるように記しています。学校によって使える時間が異なりますので、これまでさまざまな学校で行った単元の指導計画の一部を QR コードから読めるようにしています。

⑤ シナリオは改編することをねらいとして変えられるように作っています。しかし修正する時間がない場合はシナリオ通りに実施しても差支えありません。その場合はシナリオから登場人物がどのような人間なのか考えること（キャラクタリゼーション）を行って下さい。シナリオを改編する場合は、改編についてのページを読みキャラクタリゼーションを考え、配役を決め、医学的・歴史的・地理的観点やシナリオ右ページのヒントを参考にしながら書き換えていって下さい。リハーサルや実際の演技については、右ページの演技に関するポイントや写真、各作品「演技」の章を参考にやってみてください。QR コードからは実際の演技指導の様子を見ることができます。なり切るために活用下さい。

⑥ シナリオ右ページにはスムーズに実施できるよう、裁判や法律に関して「基本的な法律（裁判）の知識」で触れられなかったことも書いています。随時参照下さい。

⑦ 模擬裁判本番の目安の時間を掲載しています。各校のタイムスケジュールに合わせて変更下さい。

⑧ シナリオを最初から創り上げる学習にトライされる場合や、英文で実施する学習を計画される場合にも対応できるようにしています。QR コードより関連する資料や英文のシナリオを読み込むことができます。

⑨ 筆者は年 2 回文学模擬裁判の大会を開催しています。その際法曹界で著名なかたや教材内容に関わる専門家の事前講義を行っています。毎回お願いしている講師の中から、3 名選んでお話をコラムとして掲載しました。単純に有罪か無罪かを決める「裁判ごっこ」や「知的ゲーム」に陥らないように、被告人を主人公とした模擬裁判になるよう、是非生徒の人たちにも読んで欲しい思いで入れました。コラムの内容を理解することでより深い学びになるはずです。

・本書の内容や実施にあたっての質問、文学模擬裁判の指導依頼についてはご遠慮なく連絡下さい。fudafuda@let.ryukoku.ac.jp まで。

本書は JSPS 科研費（課題番号「20K02809」「国語科の視点を取り入れた新科目『公共』で活用可能な模擬裁判メソッドの研究開発」基盤研究(C)(一般)）の助成を受けた研究成果の 1 つです。

文学模擬裁判を始める前に

ここでは、文学模擬裁判に取り組む前に、知っておきたいことや考えてほしいことなどをまとめています。

文学模擬裁判　大切なこと

　刑事裁判の大前提として、最も大切なことばは「（　　）の疑わしきは被告人の利益に」です。さて、（　　）の中には何が入るでしょうか。よく「被告人」という答えが返ってきます。（　　）には「検察官(の立証)」ということばが入ります。検察官の立証に少しでも納得がいかない場合は、被告人の利益になる判断をする、という意味です。よく誤解されることですが、裁判は恨みを晴らす場でも反省や後悔の場でも真実究明の場でもありません。裁判とは過去に起こった事実を証拠に基づいて再現する場であり、検察官の立証が成立するか否かを問う、「有罪か有罪でないか」(guilty or not guilty)を明らかにする場です。

　この前提に立ち文学模擬裁判にあたって大事なことを3点述べます。

　<u>第一に「知的ゲームにしないこと」です。</u>時効撤廃に尽力された全国犯罪被害者の会代表幹事の林良平氏の話を聴いた生徒・Gさんは次の感想を抱きました。

　「事件は点じゃない。被害者や犯人にとっては線なんや」ということばを聴いた。模擬裁判になったこの事件の被害者、被告人は私にとっては誰でもよかったのです。Kさんはけがをしてしまったせいで職を失い、どうやって妻を養っていくのか、Mさんは事件を起こしてしまい家族はどうやって生きていくのか、そんなことは1つも考えず、紙面の上でのっぺらぼうがのっぺらぼうに撃たれ、さあ殺意はあったのかなかったのか、とただそのように考えてしまっていたのです。これではいくら「思考力」や「自分の考えを伝える力」が身についたとしても模擬裁判をした意味はありません。それぞれにそれぞれの人生がある。背後にあるものを見ずして法律的に正しく導き出されたとしても，それが果たして正解なのか？　勝敗を争うゲーム感覚から、現実社会に目を向けて準備しようという思いに変わりました。

　果たして「論理的」だけでいいのか、ということです。模擬裁判で有罪と下

す時にどれだけ人の人生を扱う意識があるのか、ということです。事件があるのはそこに人間が介在するからであって、登場人物を「一人の人間」として丸ごと理解できるように、その人間への理解なしに事件は見えてきません。法的なものの見方・考え方からすると、大事なのは事実認定であり、証拠の扱い方であって、動機の証拠としての価値は低いといえます。法的思考力を養うことをメインとすると、登場人物を記号化する（例：被告人X、被害者Y）ことに違和感はありません。しかし国語ではX・Yに人格を与えます。なぜ被告人はそのような犯行をしたのか、個人の状況を見ない限り社会は見えてきません。つまり社会を考えさせようとした場合、法的なものの見方・考え方だけではそこに至ることができません。動機を読む必要が出てきます。そうなるとXやYではなく、個人としてその被告人（人間）を見なければならないことになります。ゆえに登場人物はどんな人間なのか、というキャラクタリゼーションがとても大事です。人生を左右する裁判は、法というモノサシをあてれば解決する単純なものではありません。与えられた資料に全ての事実が記されているわけでもありません。紙の上の出来事として捉えるのではなく、被害者の遺族や被告人の家族はどんな思いなのか、マスコミは事件をどう伝えるのかまでも想像し、証言や資料の向こう側にいる人間が見えた上で判断を下さねばなりません。

　第二は「なり切る」ことです。なり切ることでことばに「命」が吹き込まれます。「命」の籠ったことばに人は説得されます。手段としては型から入ることです。役柄に応じた服装はモードチェンジの有効な手段です。「裁判ごっこ」にならないために重要です。「模擬裁判は演劇ではない」という法律家がいます。しかしなり切る表現を通じて論理やことばは磨かれると考えるのが国語科教育の考えです。さらに「裁判は演劇的な構造」（ポズナー2011、p. 49）を持ちます。「なり切る」手段は「演技する」ことです。文学模擬裁判の登場人物役となり、架空の裁判の中で、その人物の気持ちになって表現することにより、一層人物の心情を理解し、当初考えていた論理やことばの使い方の未熟さに気づきます。登場人物が法廷内でどのような立ち居振る舞いをするか、動きを表現することで、当初のイメージの至らなさを自覚できます。表現と理解の往還を通して論理は磨かれるのです。演劇的手法を説いた渡辺他（2020、p. 18）に

は「あらかじめ考えておいたことをただ行うのではなく、役になって動くことで架空の世界を経験し、気付きが得られる。そのようにして表現と理解の相互循環が生じ」、役になって「架空の世界の中で感情を動かし、当初自分が考えていた以上のものが引き出されていく」とあります。

　ただその人物になり切っても、常に「なり切った自分」と「なり切った自分を俯瞰する自分」の「2つの自分」を意識することがポイントです。そうすることで、演じている自分とそれを客観的に見る自分を自由に行き来することができ、修正しつつ役柄を冷静に考えられます。完全になり切ってしまうと自分でなくなり、自分を見失うことになります。このような意識は「ゆるやかな自分ごと、ゆるやかな当事者意識」(県立岡山操山高校教諭・宮田拓氏の造語)と呼べるでしょう。文学模擬裁判を実践したある教員は「自分の観点から意見を発するという点では、他者の物差しを自分の中に取り入れる必要があり、そのためには自分の感情や考え、感覚といったものを摑まなければならない。その点で、文学模擬裁判で他者になりきって演じることは、時間はかかるが生徒の考えの幅を広げることに大きく影響を与えるだろう。このような過程を経ず、ただ法について学ぶだけではうまくいかない可能性がある」と語っています。

　第三は、頭の中だけで考えるのではなく reality を追求することです。できるだけ事件が起きた通りに実証していく姿勢です。キーワードは「本物との出会い」になります。知的ゲームにしないためにも、人間や社会への深い洞察が必要です。それがないと「人が人を裁く」意味を謙虚に感じられなくなります。学習者は経験が足りない分、経験知豊かな大人から話を聴くことでこれまでの世界観が壊れたりしますから、さまざまな大人と出会うことが大事です。関係する人から話を聴いて reality を重視して環境をつくって考えることです。頭だけで考えたことばは人の心に響きません。裁判が人間の営みである以上、ことばに命を吹き込むことが何より大切です。命を吹き込むためには資料の向こう側の「人間」に出会わなければなりません。人でも物でも本物に触れる体験により想像(創造)力が養われます。体験がことばを生み出すのです。

　文学模擬裁判に関わった教員は「高校生の生活感をベースに物事を考え、視野が狭い生徒たちが文学模擬裁判をやっていくうちに、当事者や弁護人側にな

ることで他人事を自分事として捉えるようになっていく。記号 X・Y の人間ではなく、目の前に当事者がいるようになる。また文学ゆえ想像するハードルが低くなる。自分の世界観が壊されることで今まで見えなかった、無視してきた他者が見えてくるのかもしれない。例えば人を殺すなど普段会わない他者と出会い、その人のことをわかろうとする。多様な人を考えることを通じて生徒は変わっていく」と述べています。

　生徒の変容という点では、法律家でないゲストの方が法律家以上に生徒の人間観や世界観の変容をもたらします。覚醒剤事案の教材で、龍谷大学犯罪学研究センターを通じ、薬物を必要としない生き方を支援する、木津川 DARC（ダルク）代表の加藤武士氏に出会わせたことがあります。弁論担当の生徒・H さんは「自分の小ささと、世の中は広いことを学びました。世界観が変わりました。今まで自分がつくってしまっていた規準、言いかえれば絶対あってはならないことの規準が、いろんな人とのかかわりの中で破られてしまった」と振り返ります。絶対に接点がないだろうと思っていたのに、自身もよく行く公園で薬物を落としてしまって一生懸命探したという話を聴き「衝撃でした。自分の知らなかった世界を知り、世界を見る目が変化しました。覚醒剤を使っている人が本当にいた！ほんまに法律違反している人がいた！」と驚愕したそうです。「薬物からは立ち直れます」と主張され、薬物依存者の立ち直りに尽力されている、教科書では学べないような人が目の前にいる。彼女の中の教科書的知識がぶっ壊れたのです。教科書で学んできた学校知、秩序立てられた世界から、教科書では学べないような世間知、想像できなかった世界にダイビングした、世界観が爆発したと感じたわけです。その後 H さんの弁論は飛躍的に進歩しました。「加藤さんと出会ったことにより、いろいろな状況や立場に立ってそれぞれに応じて柔軟に対応できるようになり、弁論パターンがとても多くなりました。道理に合っていないだろうと思っていたことが、お話を聴いてさまざまなことを含めて考えることで、道理に合っていないことはないと見方を変えることができたからだと思います」。一生を貫くような、そんな世界観や価値観の転換ができる、これが模擬裁判の醍醐味です。

　それを味わうためにもどこまでも reality を追求すること、本物と出会うことが重要なのです。

文学模擬裁判　環境づくり──法廷と衣装──

　演技を行う際の法廷づくりについても説明しておきましょう。リハーサルをする場合は法廷をつくって行うほうが、動きを確認する意味でも断然効果があがります。法廷をつくる際、法廷をそっくり再現するのも構いませんが、それだと傍聴人から被告人や証人の表情が見えません。見えるようにするために裁判官・裁判員の後ろに傍聴人席を用意します（これは一般社団法人リーガルパークの代表理事・今井秀智弁護士の発案です）。また、どこからでも見えるように傍聴人用の椅子を法廷内に取り囲むように置いたこともあります。裁判官・裁判員席は心持ち弧になるように配置します。検察側席と弁護側席はそれぞれ２列にします。入口に遠いほうが弁護側席です（被告人逃亡防止のため実際の法廷でもそうなっています）。被告人席は弁護側席と一緒に、証人席は傍聴席の一番前に設けます。裁判官席の前に書記官・速記官席を用意しても良いでしょう。教室は非日常感を出すために普段のHR教室ではなく、会議室など普段利用しない部屋を使いましょう。ホワイトボードがあれば何かと便利です。裁判員裁判の時のように、わかりやすく説明するためにモニターを設置するのも良いでしょう。また近くに評議する部屋を用意する必要があります。

　役になり切るにあたって衣装は大変重要です。制服だとそれは「生徒」のままです。衣装は「なり切る」モードチェンジの手段なので、その役にふさわしい服装を考えましょう。服装次第で発することばの力も質も変わります。模擬裁判の指導にはいつも法服３着を持参して、裁判官役の生徒に着てもらいます。法服を纏うだけでその場が一気に変わります（通販サイトを通じて約４千円で購入したという教員もいます）。

実際の模擬裁判の様子

文学模擬裁判　環境づくり

弧を描くように設置された裁判員席

証言台とモニター

証言台から見た裁判官裁判員席と傍聴席

入口に近いほうにある検察側席

『高瀬舟』の庄兵衛と婆さん役

弁護人から庄兵衛への反対尋問

『高瀬舟』喜助への反対質問

法服を着た裁判官役生徒

基本的な法律（裁判）の知識

*ここでは必要最小限の法律や裁判の知識を紹介しておきます。

1 刑事手続の流れ

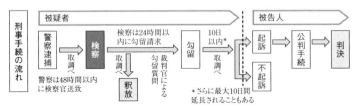

2 裁判員の選ばれ方（清水書院「高等学校公共」p.112）

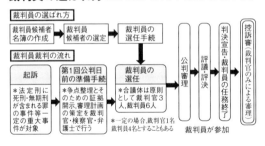

裁判員は裁判官と一緒に事件を審理し被告人が有罪かどうか、有罪の場合どのような刑罰を処するか裁判官とともに評議して決めます。

3 刑事裁判の大原則と黙秘権など

無罪推定の原則 刑事裁判は被告人が「勝った状態」で裁判が始まります。つまり被告人は無罪から出発する、これを「無罪推定の原則」といいます。きちんとした証拠がないまま疑いだけで財産、自由、生命が奪われることがあった過去の歴史に学んで大きな犠牲を払ってきた人類が到達した市民の権利、人間の尊厳を守るための知恵です。検察官は無罪推定を覆すだけの有罪証拠を提出できなければ有罪判決を獲得できません。憲法31条には、法律の定める手続きによって有罪判決を受けるまでは、刑罰を科せられないという無罪推定の原則が含まれると解されています（明示されていないので含まないという説もあります）。「無辜の不処罰」ともいいます。

合理的な疑い 証拠に基づいて、常識に照らして有罪であることに少しでも疑問があったら、有罪にはできません。「合理的な疑い」を残さないという意味は、審理の中に

現れた証拠を検討して、常識に照らして、検察官の主張が間違いないと言い切れるということです。したがって言い切れないときは、被告人が有罪であることについて「合理的な疑い」が残ったということになり、検察官は有罪の証明に失敗したことになります。なぜ検察官に厳しい証明責任が課されるのかというと、被告人が有罪となった場合には、国家は「刑罰」という非常に大きな不利益を被告人に課します。ゆえにそこに間違いがあってはなりません。「被告人が犯人である可能性が高い」という程度で、有罪と判断できるのであれば、そこに間違いが生じるおそれがあります。万人に共通する抽象的な一般人が存在しない以上、自己を離れて一般人をイメージして判断すること自体、困難なことであり、「常識」とは、「あなたはどう考えますか」と、まさに個々人の基準によります。合理的な疑いを残さない程度の証明とは刑事裁判以外の裁判では、「確からしい」という程度で証明できれば勝つとされています。刑事裁判ではそのレベルでは足りません。被告人側から見れば「疑わしいだけでは有罪にはされない」ことを意味します。

証拠裁判主義　　事実の認定は証拠によって行われなければならないという裁判の基本原則（刑事訴訟法 317 条）。ここで証拠とは事実を証明する能力があり、適正な証拠調べを経た証拠をいいます。証拠には、証拠書類、証拠物、証人や鑑定人などの人証があり、それぞれ証拠調べの方法が異なります。証人は尋問（同法 304 条）、書類は朗読や要旨の告知（同法 305 条）、証拠物は展示（同法 306 条）によります。例えば、ナイフなどの物による証拠を物証、証人や鑑定人などの人による証拠を人証といいます。なお、判断材料としてよい証拠は、証拠として法廷に提出されたものに限ります。被告人が有罪か無罪かは、法廷に出されて、証拠として認められたものだけに基づいて判断しなければなりません。マスコミ報道に基づく情報や、検察官・弁護人が法廷で述べる意見などは、証拠にはなりません。また証拠書類のことを書証といいます。

黙秘権　　憲法 38 条 1 項は「何人も、自らに不利益な供述を強要されない」として黙秘権を保障し、刑事訴訟法は、捜査機関（198 条 2 項）と裁判所（311 条 1 項）に対して黙秘権の告知を義務付けています。逮捕されて、聞かれたことに対して、自分の意思に反して話さなくてもよく、話さないことをもって不利益に扱われることは一切ない権利です。逮捕されて取調べを受けても黙っていることができます。被疑者・被告人は、罪を犯したかどうかわからないからこそ、取調べや裁判を受けています。黙秘権が保障されるのは、そもそも人間の内面に、国家権力が入り込んで強制的に調べることが許されないからです。自分の知っていることを話すかどうかは、個人の尊重という点からいえば本人が決めるべきことであり、強要することはできません。たしかに、自分に不利にならないことならば、しゃべる義務を負わせてもよさそうです。しかし、もし不利な

ことだけ黙っていることができるとしてしまうと、黙っているのは自分に不利だから、つまり犯人だからだと推測されてしまいます。そこで、不利なことも、有利なことも、一切黙っていることができるとしたのです(憲法 38 条 1 項参照)。

偽証罪　宣誓をした証人は、経験した事実をそのとおりに話さなければなりません。もし裁判で虚偽の供述、つまりウソを話せば、偽証罪として刑法 169 条により 3 月以上 10 年以下の懲役刑に処せられます。法廷で宣誓した証人には黙秘権がありません。

自白　被疑者や被告人の自己の犯罪事実を認める供述を自白と言います。かつて自白は決定的な有罪証拠でしたが、多くの冤罪や不当な取り調べが冤罪を生んだことを反省して、憲法は、強制・拷問・脅迫により自白、不当に長い抑留・拘禁された後の自白は証拠とすることができないとする自白法則(38 条 2 項)と自らに不利益な証拠が自白だけである場合には有罪とされたり、刑罰を科されたりしないこと(同条 3 項)を保障しています。刑事訴訟法も、任意ではない自白は証拠から排除すること(319 条 1 項)および被告人は、自白だけでは有罪とされないこと(同条 2 項)と規定しています。自白を強制したり、無理な自白を強要すると無罪になります。

4　刑事事件の登場人物

被疑者・被告人　被疑者とは犯人の疑いをかけられて、捜査の対象になっている人。起訴された後は、被告人とよばれます。マスコミでは被害者と聞き間違えないように容疑者といいます。起訴されるまでは被疑者で、犯人であると疑われて起訴された人を被告人といいます(民事事件の場合は被告です)。

法廷図と人物配置図(『裁判員時代の法廷用語』p.17)

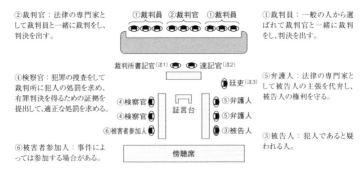

基本的な法律の知識

⑤ 刑事事件にあらわれる書類など

捜査報告書　　刑事事件における捜査機関（警察など）の捜査の内容や結果について、上司に報告した文書です。これには、犯罪発生報告書、実況見分調書、写真撮影報告書、被害者調書、被疑者判明報告書、逮捕状況報告書などがあります。検察官が証拠申請し、弁護側が同意すれば証拠になります。弁護人が証拠採用に同意しない場合には、報告者である警察官が作成状況などについて証言すれば証拠として採用されることもあります。

実況見分調書　　警察官や検察官などの捜査機関が、事件に関係ある物、場所、人について、任意でその存在や状態を調べることを実況見分といいます。実況見分は、一般には、現場検証といわれ、裁判官の令状に基づき関係者の同意により行われます。実況見分を行うには関係者の承諾が必要です。実況見分の結果を記録した書面が実況見分調書です。そこには、犯行が行われた日時が書かれ、凶器が落ちていた場所などが見取り図で示され、被害者が倒れていた場所からそこまで何メートルあったか、また被害者が受けた傷の写真などが書面にされていることもあります。

統合捜査報告書　　捜査の経過と証拠をまとめた捜査報告書。検察官は捜査報告書に供述調書などを加えて、裁判で有罪とできると確信して公訴を提起（起訴）します。

供述調書　　警察官や検察官などが、捜査段階で被疑者を取調べたり、被害者その他の関係人から聞いた事情を記録した書面を供述調書といいます。検察官が作成した供述調書を検察官面前調書（検面調書）、警察官のそれを司法警察職員面前調書（員面調書）といいます。

甲号証　乙号証　弁号証　　検察官が請求する証拠の内、被告人自身に関する証拠を乙号証、それ以外を甲号証といいます。甲号証には、捜査期間が押収した物、被害者・目撃者等の供述調書など検察官が犯罪事実を立証するための証拠が含まれます。乙号証には、被告人の供述調書のほか、戸籍謄本、前科調書などが含まれます。これに対して、弁護人が請求する証拠を弁号証といいます。被告人の質問、無罪立証のための証拠や刑の量定（量刑）に有利となる情状に関する証拠がこれに含まれます。

伝聞証拠排除の法則　　刑事裁判においては、弁論や証拠調べなどの訴訟行為は、口頭ですることが原則であり（口頭主義）、当事者の弁論は、裁判官や裁判員が直接聴取することが原則です（直接主義）。したがって、公判において、直接取調べていない供述、証人反対尋問を経ていない証拠は原則として証拠とすることができないとするのが刑事訴

19

訟法の原則です（伝聞法則）。誰かが法廷の外で話したことは、証拠にできないのです。刑事訴訟法320条1項は、公判期日における供述に代えて書面を証拠とし、または公判期日外における他の者の供述を内容とする供述を証拠とすることはできないとしています。裁判員裁判においては原則が極めて重要です。しかし、現実には同法321から328条に伝聞例外を認めています。

合意書面　関係者の法廷での証言内容があらかじめわかっている場合に、検察官と被告人・弁護人が合意の上、その証言内容をまとめた書面。刑事訴訟法326条1項は、合意書面について証拠能力を認めています。本来、証人の証言が真実がどうかは、反対当事者（検察に対する弁護人・被告人、弁護人に対しては検察官）による証人尋問でチェックされるのが原則です。例外的に、反対尋問によるチェックが必要のない場合には、証拠調べの時間を短縮できるメリットもあります。とりわけ、裁判員裁判では裁判員の時間的負担を軽減するため、合意書面が利用されています。人の記憶を証拠とする場合は、伝聞法則により、その証人に法廷に来て証言してもらい、捜査段階の供述調書などの書面は、原則として証拠としないことになっています。相手方が提出した書証を取り調べることを認める場合を同意、相手方が提出した書証を取り調べることに反対する場合を<u>不同意</u>と呼び、相手側の同意がなければ証拠とすることができません。例えば不同意とされた検察官は証人尋問を請求することになり、弁護側も反対尋問をすることができます。証拠の同意・不同意は反対尋問をする機会を得るためのものでもあります。

6　刑事裁判に関わる事項

勾留　犯罪を行ったと疑うに足りる人（被疑者）に逃走のおそれや証拠を隠すおそれがある場合、起訴された人（被告人）が公判に出頭しないおそれがある場合などに拘置所や留置場に収容する処分。被疑者勾留は、裁判官の発する令状によって10日間、1回だけ延長することができるので最長20日間身体を拘束されます。被告人勾留は、2か月間、第1回公判以降は、裁判所の令状によって1か月間、判決言渡しまで何回でも延長することができます。読み方は同じですが「拘留（こうりゅう）」は、1日以上30日未満の身体を拘束する刑罰です。

供述と証言　刑事訴訟法上、供述とは被疑者・参考人・被告人・証人などが捜査官・検察官・裁判官などに話したこと。供述内容は原則として証拠には使えません。証言とは自分が経験した事実やそれによって推測したことなどを法廷でしゃべるように裁判所から命じられ、宣誓した証人として話した供述を証言といいます。

基本的な法律の知識

故意と過失　故意とは犯罪をおかす意思のこと。自分の行為によって犯罪にあたる事実が発生することを認識して、その事実が発生することを認めていることが必要とされます。故意のない犯罪は処罰されませんが、例外的に条文に規定がある場合には、結果が発生することを予め予測しながら、自らの不注意によって結果が発生した場合にも<u>過失犯</u>として処罰されることがあります。

事実と証拠　事実は証拠から推認されます。事実には5つの種類があるとされます。
①公知の事実　誰も否定しようがない事実であって、立証の必要はありません。
　(例)令和6年7月20日が土曜日であること。日本の首都が東京であることなど。
②争いのない事実　検察官と弁護人・被告人が共に認めている事実や両者が同じことを言っている事実。
③争いのある事実　検察官と弁護人・被告人の間で事実に争いがある事実や両者の主張が食い違う事実。
④どちらともいえない事実(言い放しの事実)　事実の真偽が明らかでない事実。
　(例)被告人は「7月19日午後10時30分頃、自宅の居間にいた」と供述調書で述べているが、それと符合する事実や証拠がない。
⑤証拠から導かれた事実　証拠としての能力があり、かつ信用できる証拠から導き出された事実。

証拠書類(書証)　裁判官は、原則として、不同意の書証を見ることができません。証拠として使うためには、証言や供述に信用性がある場合に限って証拠として使うことができます。

供述証拠　証人や被告人の供述(口頭、文言、行為)に基づく証拠のこと。供述には、話した内容、文章化された内容、ジェスチャー(大きさを示す身振り)などが含まれます。被告人質問で被告人が話した内容は「証言」と言いません。なお、殺害に用いたナイフなど物証は「非供述証拠」と呼びます。

供述証拠の証拠化　供述証拠の内容が信用できる場合には証拠とすることができます。具体的には、①客観的証拠や動かしがたい事実と整合する場合(供述が監視カメラと一致したような場合)、②供述に至った経緯が信用できる場合、③供述内容の変遷がなく一貫している場合(変遷していても変遷に合理的理由がある場合には信用性があるとされることもあります)、④供述内容に合理性がある場合(論理則および経験則から不合理さや不自然さがない供述)、⑤虚偽の供述をする動機がない場合の5つです。

21

目撃証言の信用性　　観察の客観的条件（観察時間の長短、観察者と対象の距離や角度、見る側と見られる側の間の障害物の有無、照度、観察者の視力）と主観的条件（目撃者の健康状態・心理状態、初対面かよく知っているかという即知性）、観察内容の詳細さなど）から判断します。

事実と評価　　高い、速い、遅いなどは供述者の評価をする表現です。評価が混じっている事実では両者を混同しないように注意する必要があります。例えば、慎重 180 センチメートルの人は、日本人としては「身長が高い」と評価されますが、バレーボールの選手としては「慎重が低い」と評価されます。

＊本章の作成およびシナリオ所収の法律（裁判）事項の説明に際しては、『裁判員時代の法廷用語』後藤昭監修・日本弁護士連合会裁判員制度実施本部法廷用語の日常語化に関するプロジェクトチーム編(2008)、集英社情報・知識＆オピニオン imidas　伊藤真「よくわかる裁判員制度の基本用語」https://imidas.jp/judge.html(2024 年 8 月 7 日閲覧)、札埜研究室主催文学模擬裁判選手権・交流大会での伊東隆一弁護士の事前講義資料を参考にしました。

基本的な法律の知識

コラム　山田悦子さん①「冤罪被害の実態」

【プロフィール】　1974 年 3 月 19 日、保母として働いていた西宮市の知的障がい者施設「甲山学園」で園児 2 名が浄化槽から遺体で発見された「甲山事件」の冤罪被害者。当直をしていたところ殺人容疑で逮捕された。1999 年 9 月大阪高裁で 3 度目の無罪判決が出る。無罪確定まで事件発生から 25 年、起訴から 21 年を要した。警察の強引な取り調べ、犯罪報道の在り方などが問題となった。

　男女問わず逮捕されたら裸にさせられ、肛門や性器まで調べられます。始まりからひどい人権侵害を受けます。先進国で全裸で始まる取調べは日本くらいでしょう。イギリスの刑事ドラマなんかでは逮捕されたらすぐ弁護士がそばにつくのは当たり前です。日本は未だに明治時代です。逮捕した警察の圧力から被疑者を守るために別の管轄の拘置所で留め置いて調べるのが近代刑事司法の大原則です。今なお警察の留置場に拘束し取調べるという刑事システムが土台になっています。弁護士も短時間しか接見できず、取調室の実態も不明です。24 時間警察の中では人間の気持ちがおかしくなり、闘う意欲が削がれます。

　弁護士から「黙秘をしろ」と言われることが当初苦痛でした。法律を知らない者が警察の取調べの前に黙秘権を行使することは困難です。なぜなら、無実を訴えるだけでは警察は納得しません。アリバイの証明を全部こちらに求めてきます。私は、一刻でも早く釈放されたいから、事件前後の動向を一生懸命思い出そうとしました。しかし、1 ヶ月も前のこと、それも 1 分 1 秒単位で事細かに聞かれても全部を思い出すことは不可能です。当時は、警察が無実の人を陥れるはずがないのだからちゃんと説明しなければと、自己責任のように感じとても苦しみました。弁護士との接見時間を制限され、情報が遮断されている状況に置かれているのに対し、警察は 2 千万円の捜査費を使い身辺をくまなく調査した上で揺さぶってきます。次第に自分の記憶に自信がなくなり、追い詰められていきました。警察の硬軟織り交ぜた取調べの中で、早く楽になりたいという気持ちから、警察側の思い描いたストーリーに沿うような証言をして、ウソの自白調書をとられてしまいました。裁判では、供述調書のみが真実であるかのように扱われますが、公判の場に出てくる調書は警察側の作文であって、調書が作成されるまでにさまざまなやり取りが、取調べの中で行われています。代用監獄が廃止されないことや、警察の取調べが可視化されないことが、冤罪の温床となっているのです。代用監獄は 1980 年代から国連でも問題視され、勧告もされているにも関わらず、2000 年代の司法制度改革を経た今になっても解決されていません。

　第二次逮捕で、元同僚や園長はアリバイ証言が偽証罪で逮捕されたんです。ショックでした。何が何でも有罪にしようという司法権の恐ろしさを感じました。逮捕は無実の人間の社会基盤を全部奪い取ってしまいます。冤罪事件は悲惨です。婚約

23

者がいましたが破棄されました。小学生だった弟は殺人者の弟としていじめられました。身内から冤罪者が出ると当人だけでなく、親族にも被害が出ます。一審に無罪になった時も自宅にいやがらせの葉書や剃刀の入った脅迫状が届きました。

　甲山事件は裁判で知的障がい者の目撃証言が焦点になりました。知的障がい者に対しては差別や偏見があります。嘘を言う、純真な心を持つといった社会の考え方自体が偏見に満ちた認識です。検察側は知的障がい者は事件を物語ることはできない。ただ見た、ということは原始的なことで、間違いがないという立証方針で有罪を主張しました。対して弁護側はそうした偏見にのっからず、一人の人間として、尊厳を持った存在として提示しました。社会的な見方を排除して無罪の立証を行ったのです。知的障がい者は嘘を言うという闘い方をしなかったのです。嘘を言うという闘い方自体、障がい者の人権を貶めることになります。他の証拠と突き合せた時、矛盾に満ちた目撃証言なのでその矛盾を弾劾して欲しいと訴えたのです。そうして弁護側の主張が認められ、完全無罪判決を勝ち取りました。2度逮捕され3度無罪判決が出ました。出会いはパッション、出会いが無罪を生みました。勝つためには運も必要です。一次逮捕で事件を担当し不起訴を出した検察官はフェアな検察官でした。良い検察官や裁判官が事件を担当することが大切であり、人生のパートナー選びのような出会いです。無罪判決を出した裁判官はその後出世しませんでした。出世のポイントは幾つ有罪判決を出したかです。市民に味方し国家に歯向かう裁判官は出世できないんです。

　無罪判決が出ても、たくさん嫌がらせの手紙や電話がありました。無実を信じた支援者の存在は大きな支えになりました。その一人に伊藤ルイさん(伊藤野枝と大杉栄の娘)と出会い、支えになって頂きました。裁判が始まるまでに弁護団は保釈を勝ち取ってくれましたし、おかげで私は外で闘えました。みんな手弁当で支援してくれました。人権といってもお金がかかるんです。貧乏だったら闘えないんです。お金がなくなったら控訴を取り下げるしかありません。幸い、支援者たちが手弁当で助けて下さいました。21年間で弁護士さんが持ち出したお金が1億2千万円です。救援カンパも同じ額くらい。2億4千万円、21年間無罪獲得のために闘うためにこれだけのお金が必要なんです。これが人権国家の実情です。刑事補償請求をしないと補償をもらえないということでしたが、1日最高額が1万2千円、40日間拘留されたので60万円。25年間人生を奪われての給与補償が60万です(笑)。21年間の交通費は180万円になりました。無実の証明には時間と莫大なお金がかかるということです。これは日本の冤罪事件の定理です。

　無罪判決が出た時に、法は温かい、裁判官の人間の心は温かいことを感じ取ったのです。そこから法に興味を持つようになりました。法は信頼できる人間の心なんだ、と。判決文を通じて法の温かみを感じたことが出発点です。

『高瀬舟』で
文学模擬裁判

ここでは『高瀬舟』で模擬裁判に取り組む方法について説明しましょう。『高瀬舟』は言わずと知れた文豪・森鷗外の小説です。中学校の国語科教科書でも紹介されている教材です。これまで中学校・高校で実践されてきた近代文学を代表する作品です。

1 『高瀬舟』について

　森鷗外の『高瀬舟』は、1916 年(大正 5 年)『中央公論』に発表されました。弟殺しの罪に問われた喜助が高瀬舟で護送される描写を、同心である羽田庄兵衛の視点や、喜助の語りを通じて描かれています。『高瀬舟縁起』に基づいて、「安楽死」と「知足」の問題について描かれた作品と理解されることが多いようです。

　2016 年に『高瀬舟』で模擬裁判を手がけましたが、本格的にやろうと決意したのは、2019 年 8 月に法と教育学会主催の教材作成ワークショップで、木庭顕氏(東京大学名誉教授)による『高瀬舟』を教材としたソクラテス・メソッドの授業を受けたことが契機となっています。弟の「苦」を避けて「快」をもたらし弟の幸福を増進させた結果、喜助も幸せになり、苦痛だけを取ってやろうと思って結果的に弟が死んでしまったという話ではないか、という見方を学びました。

　一方、本文では喜助が「どうしてあんな事が出来たかと、自分ながら不思議でなりませぬ。全く夢中でいたしましたのでございます」と述べるにもかかわらず、犯行当時の状況を詳細に語っている矛盾があるなど、謎が深まる教材です。喜助の語りを信じないという読みの可能性もあります。

　かつて協働で授業を行った国語科教員は本作品に取り組む魅力としておよそ次のように述べています。

　　小説としては、作者が意図したであろう以上の多様なテーマの可能性を読者に示唆し、深い読解に耐えうる表現の豊かさを持つため、作品としての読みの面白さが十分に味わえる作品である。また、高齢化・貧困・多様化が進む現代日本の中で生きる私たちの心にも様々な問題意識を芽生えさせうる、重みのある内容の教材といえる。国語としての丁寧なテキスト読解の延長線上に見える、社会への不満を抱えながらも心の内に全てを飲み込み、自分の犯した罪を認め、与えられた境遇を受け入れて生きていこうとする喜助の姿や、その喜助の話を聞きながら、権威や法の定めに対して、役人である立場

を超えて疑問を投げかける庄兵衛の姿に、現代にも通じる社会的な問題とそこから生じる人間存在の葛藤を考えるのに最適な教材である。この喜助という人間に迫ることを通じて、生徒たちは必然的に、社会的格差と貧困問題、生と死、権威との衝突、法の不完全さ、人生の不条理さ等を考えていくことになる。そのような過程を通じ「この不条理な世界で自分はどう生きるか」ということを突きつける葛藤に出会わせたい。

安楽死を越えて「人間、人生、社会」を深く考えさせることのできる教材だといえます(安楽死は医者が定義しなければならないので、正確にいうと『高瀬舟』で扱われる死は安楽死ではありません)。

2 『高瀬舟』の舞台について

　『高瀬舟』の授業で気になることは、教える教員も学ぶ生徒も「京都が舞台であること＝京都の高瀬川に浮かぶ高瀬舟」をイメージできているのか、ということです。国語の教材は、文学に限らずイメージが目の前に立ち上がるかが読みに関係してきます。関東圏の高校で模擬裁判をすることになった際に改めて『高瀬舟』ゆかりの地のフィールドワークを行い、それをパワーポイント資料として教材化しました(題して「模擬裁判『高瀬川』の舞台への誘い」)。授業後の質問紙調査で「パワーポイントを使った説明は、その後の模擬裁判準備を進めていくにあたり役に立ちましたか」の質問に対し「大変役に立った」、「まあまあ役に立った」への肯定的回答が約90％であったので、一定の効果があったと考えられます。

資料サイトの入口

　本文から推定すると兄弟の居住地はいわゆる「御土居」に囲まれた京都から外れた地にあるように思われます。本文には具体的に出てきませんが、高瀬川は慶長16年(1611年)に角倉了以により開削が始められた運河です。ここを通行する高瀬舟の繋留地や浜地、方向転換の付属施設を舟入と言いました。

①：一之舟入にある高瀬舟

②：涙の地蔵

『高瀬舟』に描かれた船のルートは、二条通を下ったところにある「高瀬川一之舟入」(写真①)からスタートします。このあたりは日本銀行京都支店の南側で角倉了以の屋敷がありました。

　高瀬川を下ると罪人が家族と別れを惜しんだ地にある「涙の地蔵」(写真②)が見えてきます。四条通から少し南に入った四条木屋町西岸です。繁華街のすぐ近くにひっそりと佇んでいます。遠島に流される罪人の家族はここで最後のお別れをしたのです。

　さらに下って五条から七条あたりは「菊浜」と呼ばれています。ただ「高瀬川の浜としてこの辺りを菊浜と称したことはない」(石田 2005 p.165)ということです。この辺りは材木、薪、米などさまざまな物資が陸揚げされ、人々が行き交い集う場所でした。また加藤(2009)によれば、五条から七条間の高瀬川と鴨川とに挟まれた地域は、1700年頃より七条新地、六条新地、五条橋下と呼ばれる茶屋街が形成されていきました。周辺には大正時代に建てられた歌舞

③：五条会館(旧歌舞練場)

④：伏見みなと公園(伏見港跡)

練場(写真③)などが残り、当時の賑わいが偲ばれます。「任天堂」創業の地でもあります。花札やトランプを作っていました。

　やがて伏見の町を通り過ぎ、宇治川に合流しますが、この所を三栖浜と言い、淀川を往来する三十石船との中継地点でした。現在の伏見みなと公園(写真④)にあるテニスコート辺りには、「墓島」と呼ばれる、船でしか渡れないお墓があったそうです。喜助は高瀬舟の中から人間の欲望を象徴する街の姿を見ながら、最後は中洲のお墓を目にして下ったのかもしれません。

　こうして1日かけて淀川を下り、大坂・天満橋の八軒屋浜へ到着し、大坂町奉行所(大坂松屋町牢屋敷)から喜助は西国の島へ流されていったのでした。

　「高瀬舟」という舞台装置は公けの裁きの場とは異なる、別の「審理」の場ともいえます。公的な裁きの場であれば、同心という役職上決して庄兵衛は「喜助さん」などと呼ばないでしょう。裁きの場では語られない対話が繰り広げられます。裁きの場では語られなかったことが語られる場、それが「高瀬舟」という舟の上であり、「閉ざされたもう1つの法廷」になります。そこは真実を語り得る境界的な世界であり、喜助は公の世界から終焉の世界へと流されるのです。

3　争点と法律の説明

　授業のねらいとしては主に3つあります。1つ目は『高瀬舟』という文学教材を、改めて「法」という視座を入れて読み解き、読みを深めることです。2つ目は「法」というものさしを使って、想像力を働かせて、推論しながら表現することです。3つ目は国語にとどまらず、視野を広げて当時の歴史や文化を加味し、教科横断的に総合的に判断しながら、「人間・社会」への考えを深めることです。

　法律上の争点(検察側と弁護側が争う点)を説明しましょう。争点は、喜助の行為が「殺人罪」に当たるのか、「同意殺人罪」に当たるのかになります。弟から、「殺してくれ」というはっきりとした同意があったか無かったがポイントです。簡単に同意だと認めてしまえば、世の中の殺人は全て同意殺人になっ

てしまいます。検察官側は、喜助の弟に殺してくれという同意はなかったという点を立証し、弁護側は、弟は「はっきりと」殺してくれという意思を喜助に伝えている、ということを主張することになります。殺そうとした「殺意」があったことは双方とも認めている事実になります。

　刑法(明治40年法律第45号)における関係条文は次の通りとなります。

第199条　【殺人】
　　人を殺した者は、死刑又は無期若しくは5年以上の懲役に処する。
第202条　【自殺関与及び同意殺人】
　　人を教唆し若しくは幇助して自殺させ、又は人をその嘱託を受け若しくはその承諾を得て殺した者は、6月以上7年以下の懲役又は禁錮に処する。

殺人か同意殺人かで罪の重さが全く異なることがわかります。

＊2022年6月、刑法等の一部を改正する法律が成立し、改正前の懲役刑・禁錮刑が「拘禁刑」に一本化されました。処せられた者には、改善更生を図るため必要な作業を行わせ、または必要な指導を行うことができるとされています。施行日は2025年(令和7年)6月1日からになります。

4　翻　案

　『高瀬舟』は比較的翻案を必要としない作品です。さすが陸軍軍医総監まで務め上げた森鷗外です。医者が読んでも、書いてあることは医学的に間違いないということでした。

　弟と婆(あ)さんは名前がありませんので、「幸助」「下総タミ」と名付けました。身長や体重は日本史の専門家によりアドバイスを受けて設定しています。また「掘立小屋」のような家の中がわかりませんので、見取り図を作る必要がありました。江戸時代の庶民の家について1級建築士の資格を持つ卒業生が江戸時代の長屋を調べて再現した案をもとに修正を施しました(p.35 別紙3)。

　家計については薬代で半分消えたとしています。弟殺しの刑が流刑であることを喜助は知っていたという設定で、流刑先を隠岐としています。

　『高瀬舟』の事件と起訴までの流れは、一旦島流しの刑が決まりながらまた

裁判にかけるという「あり得ない」設定になるので、そのあたりの改編が必要となります。原作の根幹は変えずにあらすじを(年月日や場所などを含めて)設定し直しました。

5 事件発生から起訴まで

　寛政元年神無月 29 日酉刻頃、山城国北山衣笠にある自宅において、喜助という西陣に勤める空引職人の弟・幸助が、貧困から剃刀で自分の喉を切るという自殺を試みた。自宅に帰った喜助は弟の依頼を断り切れなくて、また弟を苦から救ってやりたいという思いから、剃刀で弟の喉を切って殺害するという事件が発生した。事件現場には偶然いつも弟の世話を頼んでいる近所の婆さんが入ってきて、その現場を目撃していた。同心である羽田庄兵衛は、当初「同意殺人」を疑わずそれで処断してもらうべく、上司(決裁官)の与力のところに「高瀬舟」に乗せて護送していたが、その最中に、喜助の様子(遊山船に乗ったような顔をしており、いかにも楽しそうで鼻歌を歌い出すか口笛を吹き始めるかのような様子であったこと、200 文の鳥目をもらって島での新生活を楽しみたいと述べていること)をみて、これは嘱託殺人ではなく「殺人罪」に問うべきだと考え与力(ここでは検察官)に訴えるに至った。そのため与力は、京都所司代(京都地方裁判所)に「殺人罪」で起訴した。こうして、この事件は検察官から京都地方裁判所に起訴状が提出され、公訴が提起された。検察官は「殺人罪」を主張し、弁護人は弟の喉に剃刀を当てたことには間違いがないとしつつも、同意があったとして「同意殺人罪」を主張した。

本件の裁判で使用する起訴状と事件現場、証拠は以下の通りとなります。

令和６年検 第0708号

起 訴 状

令和６年７月８日

京都地方裁判所　　　　　殿

京都地方検察庁
検察官検事　墨染　貫之

下記被告事件につき公訴を提起する。

記

本　籍　山城国
住　居　山城国北山衣笠
職　業　空引

勾留中　　　　　　　　喜助（30歳）

宝暦10年生（誕生月日不詳）

公訴事実

被告人は、寛政２年（1790年）神無月29日酉刻ころ、山城国北山衣笠所在の被告人宅において、幸助（当時27歳）に対し、殺意を持って、剃刀でその前頸部咽頭付近を突き刺し、よって、同日酉中刻ころ、同国北山所在の施薬院において、同人を鋭的頸部動脈損傷に基づく出血性ショックにより死亡させて殺害したものである。

罪名及び罰条

殺人。刑法第199条。

証拠整理

号　　証	標　　　目	被告人側の意見	裁判所の採否
甲第1号証	統合捜査報告書	同　意	採　用
甲第2号証	下総タミの検察官調書	不同意	留　保
甲第3号証	羽田庄兵衛の検察官調書	不同意	留　保
乙第1号証	被告人の検察官調書	不同意	留　保
乙第2号証	被告人の検察官調書	不同意	留　保

甲第1号証

令和6年7月6日

京都地方検察庁公判部長
　　検察官検事　伏見小町　殿

京都地方検察庁
　　検察官検事　墨染　貴之

統合捜査報告書

被告人喜助にかかる殺人事件につき、
- 年寄衆に通報された時刻
- 本件現場に年寄衆が臨場した際の状況
- 被害者の死亡日時・場所
- 被害者の負傷部位および死因
- 被害者が負傷した時刻(推定)および天候
- 凶器の形状
- 被告人および被害者の身長・体重
- 発見された書き物の類

をまとめた結果は、下記のとおりですので、報告します。

1　年寄衆に通報された時刻
　　本件について年寄衆に通報された日時は、神無月(旧暦)29日酉刻頃(5時頃)であり、通報者は「下総タミ」と名乗る女性であった。

2　本件現場に年寄衆が臨場した際の状況
　（1）　本件現場の所在地
　　　　山城国北山衣笠
　（2）　年寄衆が現場に到着した日時
　　　　神無月 29 日酉刻頃（5 時頃）
　（3）　年寄衆が現場に到着した日時
　　　　年寄衆が現場に到着し、被害者方の表口（無施錠）から室内に入ったところ、別紙 3 の図のとおり、被害者が頭を東山のほう（東側）に向けて布団の上にて、目を半分あけたまま仰向けで倒れていた。創口からは出血が見られ、被告人が剃刀を傍において被害者の顔を見詰めていた。
　（4）　被害者の状況
　　　　年寄衆が被害者の様子を確認したところ、呼びかけに応じず、微かに脈がある状態であった。喉仏の下から右側にかけて出血していた。
3　被害者の死亡日時・場所
　　年寄衆が施薬院（せやくいん）まで搬送したところ、同日酉中刻頃同院において死亡が確認された。
4　被害者の負傷部位および死因
　　甲状軟骨（喉仏）の上から正中（真ん中）を剃刀で右方向に切ったことにより気管が損傷し、そのまま差し込みえぐるように刺入したことにより（押し込む際に刃先が右に 6 分 6 厘（約 2 cm）ほど滑って）、刃先が総頸動脈付近まで達した。被告人が抜いたことにより総頸動脈を損傷させ、鋭的頸部動脈損傷に伴う出血性ショックにより死亡した。（施薬院医師　杵田洪庵（きねだこうあん））
　　傷口の部位を示す資料は別紙 1、2 の通りである。
5　被害者が負傷した時刻（推定）
　　施薬院医師杵田洪庵によると、年寄衆が現場に臨場した際の血液の凝固状況からすると、被害者が上記部位を負傷した時刻は、神無月 29 日酉刻頃（5 時頃）と推測される、とのことである。なお当日の天候は 1 日中晴天であった。
6　凶器の形状
　　凶器である剃刀の形状は、刃渡り約 1 寸 7 分（約 5 cm）、柄約 3 寸（約 9 cm）、幅約 2 分 9 厘（約 9 mm）である。
7　被告人、被害者および証人の身長・体重
　　被告人の身長：5 尺 1 寸（約 155 cm）：体重：10.6 貫（約 40 kg）
　　被害者の身長：5 尺（約 153 cm）　　：体重：9.3 貫（約 35 kg）
　　証人の身長　：4 尺 7 寸（約 143 cm）：体重：不明

以上

別紙1　頸部臓器の位置関係

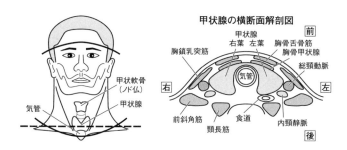

別紙2　被害者の頸部刺傷箇所

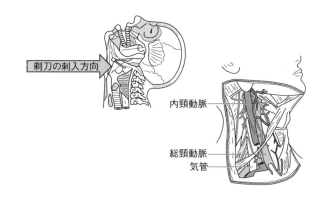

別紙3　現場見取り図

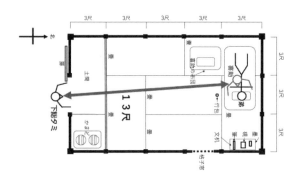

＊格子窓の外には光を遮断する障害物は何もない状態である。
＊築造年は不明で、所々に隙間がある状態の家である。

6 シナリオ・公判の流れ

＊シナリオに出てくる公判
手続や「1. 開廷宣言」
などの見出しを述べる必
要はありません。

公判手続
　⋮⋯❶
[場面 1]⋯❷

1. 開廷宣言

　　裁判長　それでは、被告人喜助に対する殺人事件の審理のために開廷します。
　　　　　　⋯❸

2. 冒頭手続

[人定質問]⋯❹

　　裁判長　被告人、証言台のところへ立って下さい。名前は？

　　被告人　喜助です。

　　裁判長　生年月日は。

　　被告人　宝暦 10 年です。生まれた月日はわかりません。30 歳です。

　　裁判長　職業は。

　　被告人　空引です。

　　裁判長　住所は。

　　被告人　山城国北山衣笠です。

　　裁判長　本籍は。

　　被告人　恐らく山城国かと思います。

　　裁判長　では、検察官に起訴状を朗読してもらいますので、そこで聞いてい
　　　　　　て下さい。

[起訴状朗読]⋯❺❻

　　裁判長　検察官、どうぞ。

　　検察官　公訴事実（❼）、被告人は、寛政 2 年（1790 年）神無月 29 日酉刻こ
　　　　　　ろ、山城国北山衣笠所在の被告人宅において、幸助（当時 27 歳）に
　　　　　　対し、殺意を持って、剃刀でその前頸部咽頭付近を突き刺し、よっ
　　　　　　て、同日酉中刻ころ、同国北山所在の施薬院において、同人を鋭的
　　　　　　頸部動脈損傷に基づく出血性ショックにより死亡させて殺害したも
　　　　　　のである。

36

『高瀬舟』で文学模擬裁判

● ポイント解説　（用語や注釈、演技のポイントを確認しましょう）

（★がついた解説はシナリオ改編のヒントとなるものです）

❶ 「公判手続」は起訴された刑事事件のために法廷を開いて審理することです。冒頭手続・証拠調べ手続・弁論手続・判決の４段階で進行します。

❷ ここからは、各人が役になって演じていきます。演じる際は何を伝えたいのか、伝えるためにはどうすればよいのか、常に考えながらことばを発することが大事です。プレゼンテーションとは聞き手へのプレゼントです。頭のてっぺんから足の爪先まで徹頭徹尾相手のために伝える意識を持ってことばを発しなければなりません。　動画１

❸ 「審理」とは事実関係や法的関係を明らかにする取調べのことです。裁判長の第一声は大事です。教室ではなく「体育館」だと思って体育館の後ろの席まで声を届かせるイメージで発声します。発声の際、ついつい原稿のある手元を見がちですが、できるだけ下を向かずに、地面に水平に声を飛ばします。声が下向きだと相手に届きません。できるだけ台本は目の高さ近くにもって来るようにしましょう。机に置いて読んではいけません。　動画２
裁判長には、裁判員への説示、訴訟指揮、法廷の秩序維持などの責任と権限が与えられています。裁判長役になった人は、自身の「コート」という意識で威厳を持ってふるまいましょう。右陪席は、裁判長より若い判事、左陪席はキャリア５年以下の判事補が当たっているようです。陪席には前述の権限はありません。

❹ 人定質問は人違い（別人が裁判を受けること）を避けるために行います。過去に人違いだった例が起こっています。

❺ 起訴状には被告人の氏名、何をしたのか、何の犯罪にあたるのか、罪名などが記載されています。記載された公訴事実のみが審理の対象となります。　動画３

❻ 起訴状朗読の際、間を空けずにスッと立って読み始めることがポイントです。スムーズに流れを切らずに読むことです。読み間違ってもそのまま気にせずに読むことです。裁判は止まってはいけません。一番強調したいことは何か考えて読みましょう。声の強弱・高低・緩急・抑揚、間の取り方など方法は多様です。　動画４

❼ 公訴事実は審理の対象であり、被告人の防御の対象を明確にする役割があります。書かれていない犯罪事実は審理の対象外です。

動画サイトへ

罪名及び罰条　殺人。刑法第199条…**❽**。

[黙秘権の告知]…**❾**

　裁判長　これから、今、朗読された事実について審理を行いますが、審理を
　　　　　始めるにあたって、被告人に注意しておきます。被告人には黙秘権
　　　　　があります。黙秘権とは、言いたくないことを言わなくていい権利
　　　　　です。したがって、被告人は答えたくない質問に対しては、答えな
　　　　　いこともできますし、また、始めから終わりまで黙っていることも
　　　　　できます。質問に答えた場合、被告人がこの法廷で述べたことは、
　　　　　被告人に有利不利を問わず、証拠として用いられることがあります
　　　　　から、よく考えて答えるようにして下さい。

[被告人の陳述および弁護人の意見陳述]…**❿**

　裁判長　今、読まれた事実について、何か述べることがありますか。

　被告人　私は確かに、弟・幸助が自殺を図った際に、弟の喉を剃刀で切りま
　　　　　したが、それは弟の言った通りにしてやらなくてはならない、苦か
　　　　　ら救ってやろうと思ったからです。決して殺意を持って切ったわけ
　　　　　ではありません。

　裁判長　弁護人のご意見はいかがですか。

　弁護人　被告人が言うように、弟の依頼によるものであり、弟さんの苦しみ
　　　　　を見るのに忍びなかったからであり、苦から救ってあげようという
　　　　　思いからです。被告人の罪は同意殺人罪にあたります。…**⓫**

［場面２］

3.　証拠調べ手続…**⓬**

[検察官冒頭陳述]…**⓭**

　裁判長　証拠調べに入ります。今から、検察官に冒頭陳述をしてもらいます
　　　　　ので、横に座って聴いていて下さい。（被告人が座ったのを確認して）
　　　　　検察官、どうぞ。

　検察官　検察官が証拠により証明しようとする事実は、次の通りであります。
　⋮
　⓮　　第１　身上経歴等
　　　　　　　被告人は幼い時に病気で両親を亡くし、その後近所の人たちの

『高瀬舟』で文学模擬裁判

●ポイント解説　（用語や注釈、演技のポイントを確認しましょう）

（★がついた解説はシナリオ改編のヒントとなるものです）

⑧　第199条　人を殺した者は、死刑又は無期若しくは5年以上の懲役に処する

⑨　被告人の生い立ちによっては「黙秘権」と言われてもピンと来ない場合もあるでしょう。最後まで国家に対して防衛権を尽くすという被告人の権利行使を保障するための権利です（p.17-18参照）。形式的にならず、相手の境遇を思い測りながら、具体的に内容を説明しましょう。　　　　　　　　　　　　　　　動画5

⑩　意見陳述とは、起訴状朗読後、被告人・弁護人が公訴事実を認めるか、否認するか意見を述べることです。罪状認否ともいいます。弁護人は専門家ではない被告人に代わって、整理して内容を述べます。

⑪　最後の一文は弁護人として一番言いたいことです。このセリフは紙を持たずに裁判官のほうを向いて述べて下さい。紙を持って言うのとペーパーレスで相手の目を見て言うのとでは伝わり方が違います。　　　　　　　　　　　　　　　　　　動画6

⑫　裁判官や裁判員が人的証拠、物的証拠を調べながら、有罪や無罪、量刑判断をするために必要な事実を知っていく手続。

⑬　検察官の冒頭陳述はこういうルートをたどって証明していくという「海路図」（ストーリー・事件のあらすじではなく見立て）を述べることです。審理の対象を明確にし、立証方針の骨組みを示し、被告人に防御の範囲を知らせます。
論告・弁論は「説得」ですが、冒頭陳述は「証明」です。説明（わかるように述べる）と説得（納得させる）の違いを意識して述べましょう。その際、誰に向けて言いたいのかも意識することです。また言いたい人物の方向に体を向けることもあわせて必要です。法廷の中を動きながら、段落ごとに位置を変えて表現する方法もあります。

⑭　冒頭陳述が始まります。ここでの検察官の役割は「切り込み隊長」です。検察側に流れを引き寄せるためにも検察官から見た事実をよどみなく述べることが重要です。　　　　　　　　　　　　　　　動画7

裁判官席に近づいて行う検察官冒頭陳述
（「第3回高校生模擬裁判選手権関西大会」DVD映像より）

動画サイトへ

助けによって弟と２人育ちました。職を転々としましたが、寛政元年文月(ふみづき)の頃より西陣の織場(おりば)にて空引の職に兄弟そろって就くことになりました。
第２　犯行に至る経緯、犯行状況等
やがて師走(しわす)ごろより弟が病気にかかり働けなくなりました。弟の身の回りの世話を被告人が手掛けるようになりましたが、寛政２年神無月29日酉刻頃、北山衣笠の自宅において、この際殺してしまえば薬代や医者にかかる費用の負担などが軽くなると思い、殺そうと決意しその時、弟の喉を切って殺害したものです。

[証拠申請]

　検察官　以上の事実を立証するため、証拠等関係カード記載の各証拠の取調べを請求します。

高瀬舟資料

　裁判長　弁護人、冒頭陳述をどうぞ。

[弁護人冒頭陳述]…⓯

　弁護人　喜助さんは同意殺人しか成立しません。喜助さんは自分の首を自ら切った弟さんの「どうぞ手を貸して抜いてくれ」という言葉をかけられてもどうすることもできず医者を呼んでくるとも言いましたが、弟さんの早くしろ、という目の圧力などから弟の言った通りにしてやらないといけないと思うようになり、苦しむ弟さんを見る苦しさに耐えることができず、また苦から救ってやろうという思いから殺害したのであって殺意を以て殺したのではありません。よって喜助さんの行為は同意殺人罪にあたります。

[証拠採否決定]…⓰

　裁判長　ただ今の冒頭陳述から本件の争点は、被告人に成立する犯罪が殺人罪なのか同意殺人罪なのか、ということです。それでは、証拠意見を確認します。弁護人、ご意見はいかがですか。

　弁護人…⓱　甲第２号証の目撃証人・下総(しもうさ)タミさん、乙第１号証及び乙第２号証の被告人・喜助さんの供述調書(⓲)については、不同意です。それ以外の証拠については同意します。

資料サイトへ

40

『高瀬舟』で文学模擬裁判

●ポイント解説　（用語や注釈、演技のポイントを確認しましょう）

（★がついた解説はシナリオ改編のヒントとなるものです）

プレゼン資料を掲げて行う
弁護側冒頭陳述

⑮　弁護人の冒頭陳述は、こういうルートをたどって検察官の立証が不十分であるとする「海路図」（ストーリー・事件のあらすじではなく見立て）を述べることです。
弁護人にとって大事なことは何か、一番主張したいことは何か考えながら述べましょう。大事な一文はそらで、裁判官・裁判員の目を見て述べることです。冒頭陳述の段落ごとに法廷内を移動して表現したり、最後に被告人のそばに立って肩に触れながら「無罪です」と言う方法もあります。動きをつけることで聴く人の印象は変わってきます。

動画8

⑯　弁護人の意見が出た後、裁判所が決定します。

⑰　弁護人の証拠意見です。証拠物・証人尋問に対しては、「異議あり」、「異議なし」、「然るべく」、証拠書証に対しては「同意」、「不同意」と答えます。「異議なし」「同意」だと、原則証拠として採用されます。
弁護人の証拠意見がなぜ必要かというと、これらの証拠や供述調書は、捜査機関が収集し取り調べを経て作成されていますが、弁護人はその手続に関与できません。とりわけ供述調書には取り調べで誘導されたり各過程で誤りや捏造などが介在する恐れがあります。証人・被告人の署名・捺印があっても、供述調書は捜査機関による作文であり、誤りの可能性のある証拠が裁判官の目に入ると、誤判の恐れもあります。これを阻止する必要があるのです。

⑱　供述調書とは、裁判官や警察官、検察官の取調べに対し被告人や証人が述べた内容を記録した文書を指します。「供述」と「証言」は異なり、証人が法廷で述べた場合のみが「証言」で、被告人の場合は「証人」にはなれないため、捜査段階、公判廷を問わず「供述」となります。

動画リイトへ

41

裁判長　それでは、弁護人が同意した証拠については、採用して取調べます。この裁判では、書証の証拠調べ手続（⓳）は省略します。検察官、弁護人が同意しなかった証拠についてはどうしますか。

検察官　下総タミさんと羽田庄兵衛さんの証人尋問を請求します。

裁判長　弁護人、ご意見は。

弁護人　こちらも下総タミさんと羽田庄兵衛さんの証人尋問を請求します。

裁判長　分かりました。それでは、下総タミさんと羽田庄兵衛さんの証人尋問を採用します。本手続では、これから下総タミさん、羽田庄兵衛さんの順に証人尋問を実施し、その後、被告人質問を行います。…⓴

[場面３]

[証人尋問]…㉑

裁判官　これから、証人下総タミさんと羽田庄兵衛さんに対する尋問を行います。

下総タミさん、羽田庄兵衛さん出廷していますか。

証　人　（声をそろえて）はい。

裁判官　では、証言台の所まで来て下さい。これからお２人を証人としてお話を伺いますが、その前に嘘を言わないという宣誓をして頂きます。

証　人　（宣誓書を読む）…㉒　　　　　　　　　　　　　　　　動画９

裁判官　今、宣誓して頂いた通り、正直に証言して下さい。嘘の証言をすると偽証罪で処罰されることがありますので、注意して下さい。それでは、下総タミさん、羽田庄兵衛さんの順で行います。庄兵衛さんは傍聴席に一旦戻って下さい。では、検察官、主尋問を始めて下さい。

●ポイント解説　　（用語や注釈、演技のポイントを確認しましょう）

（★がついた解説はシナリオ改編のヒントとなるものです）

⑲　事件に使われた証拠物は裁判官に見えるように提示し、証拠書証は原則朗読ですが、刑事手続の円滑のため、要約した内容を述べます（要旨の告知）。なお、書類を証人や被告人に示す場合は、本人の目の前に置くか近くまで行きます。検察官が示す場合は、弁護人は見える所の近くまで、逆に弁護人が示す場合は、検察官は見えるところの近くまで行きます。まちがいがないか確認するためです。

⑳　証人が被告人の答えを聞いて証言を合わせて変えてしまう可能性があるので、証人から尋問します。尋問・質問は一問一答形式です。尋問・質問の目的は主張したい証拠をとることです。最終的には論告・弁論に引き渡す情報になります。事実だけを訊き出します。意見を交わすことではありません。尋問者・質問者は証人・被告人の味方ということを意識しましょう。答えが１つに定まる答えやすい尋問・質問をしましょう。

㉑　刑事裁判においては尋問と質問は異なります。「尋問」は証人に対して行います。必ず答えなければならず、黙秘権はありません。証人にも秘密にしなければならないこと、例えば、自分が話すことで刑事責任を問われる場合、自社の業務上のノウハウを細かく言わねばならないなどの場合がありますが、その場合は法律で定められた拒否権を行使することになります。
「質問」は被告人に行いますので黙秘権があります。尋問同様答えなければならないとすると、被告人が自己を守るために有利な権利を主張する防衛権を保障できないからです。したがって被告人には宣誓がありません。黙秘権と宣誓は矛盾するのです。ただ行使することで裁判官・裁判員の心証がどうなるか考える必要はあります。

㉒　「宣誓　良心にしたがって真実を述べ、何事も隠さず、偽りを述べないことを誓います。」というセリフになります。
宣誓書は証言台に置いています。それを手に取って目の高さにして読み上げます。証人が複数いる場合は、個別にその都度読み上げることが一般的ですが、模擬裁判授業という時間的な制約から、一緒に声をそろえて読み上げる形にしています（いけないわけではありません）。

動画10

動画サイトへ

［主尋問：下総タミ］…㉓、㊾（→p.63）

検察官　あなたと被告人の関わりについて教えて下さい。…㉔　　　　動画12

証　人　私は、近所に住む者なのですが、被告人に頼まれ、被告人が留守に
　　　　する時などは、被告人の弟さんに薬を飲ませたりするなどの世話を
　　　　していました。…㉕

検察官　薬を飲ませる以外のどんな世話をしていたのですか。

証　人　弟さんが辛そうなときは背中をさすったり、簡単な食事を作ったり、
　　　　掃除をしたりなどです。

検察官　なるほど、家事手伝いといったこともされていたのですね。あなた
　　　　が犯行を見た時の様子を聞かせて下さい。

証　人　弟さんが布団の上に寝ていて、喜助さんが膝をつくようにして身体
　　　　を弟さんのほうへ乗り出す形でした。剃刀で喉を切って血があふれ
　　　　出していました。

検察官　その様子を見て何が起きたと思いましたか。

証　人　瞬間的に弟さんを殺めたのだと感じました。

検察官　なぜそう感じたのですか。

証　人　普段からお２人は苦しい生活をしておりましたし、ましてや弟さ
　　　　んは病気で治りにくかったですから、殺そうと思っても致し方ない
　　　　と感じたからです。

検察官　当時、戸が閉まっていましたよね。なぜ入ることができたのですか。

証　人　掘立小屋のような家ですから、力を強くすれば開けることができる
　　　　ことはわかっていました。

検察官　閉まっていて、どう感じましたか。

証　人　私が身の回りの世話を普段しているので、開けっ放しなので、あれ、
　　　　おかしいなと思いました。中の様子が普段と違っておかしく感じた
　　　　ので、中から閉められていましたが、思い切り力を入れて開けまし
　　　　た。そうしたら剃刀で殺す場面が目に飛び込んできたんです。後か
　　　　ら考えるとそれで中から閉めていたのかと得心しました。

検察官　それからあなたはどうしましたか。

証　人　ただ、恐ろしい場面でしたので、その場にいることができず、あ

『高瀬舟』で文学模擬裁判

●ポイント解説　（用語や注釈、演技のポイントを確認しましょう）

（★がついた解説はシナリオ改編のヒントとなるものです）

㉓　主尋問・主質問は請求した側が行います。原則、誘導尋問が禁止されています。証人あるいは被告人から open question で 5W1H を one sentence, one meaning で証言・供述を答える側から引き出し、それが信用できることを示します。はい、いいえでしか答えられない尋問だと、証人や被告人に訊く意味がありません。主役は証人・被告人です。目撃したこと、経験したことを話してもらいます。質問者が語りすぎると証人・被告人の生々しい声が聞けず、押しつけているように受け取られます。出来事を時系列に沿って訊き出しましょう。　　　　　　　　　　　　　動画11

㉔　主尋問、主質問を行う人は「黒子」(引き立たせ役)です。あくまでも主人公は証人・被告人です。証人・被告人にスポットライトが当たるように、聴いている人も集中するようにしなければなりません。尋問・質問をする際に意識を2方向、つまり証人(被告人)と裁判官に向けてことばを発することが大事です。証人・被告人とのやりとりを一番聴かせたいのは裁判官・裁判員なのですから、裁判官たちのほうを意識してことばを発するのと発しないのでは伝わり方がまったく違ってきます。　　動画13
証人・被告人が今どんな心理状態なのか、慮ってことばを発しましょう。きっと初めての法廷であったりして不安なはずです。そういう思いをくみとってことばを発することが大事です。決して置き去りにしてはいけません。証人が安心して守られている気持ちを抱けるように、尋問・質問することが大切です。責めたり追及するような訊き方をせず、不利になりそうな発言をしたら、フォローする尋問・質問をします。また裁判官・裁判員も置き去りにしてはいけません。聴く人にも目を向け、気を配らないといけません。

大事な尋問・質問は繰り返してアピールしましょう。異議が出ないように「確認ですが」と付けて聴く人にわかりやすくしたり、尋問・質問を円滑にするために、「○○についてお尋ねします」といったように間に小見出しを付けてもかまいません。

証人から離れて行う検察側主尋問

㉕　証人・被告人は裁判官のほうを向いて答えます。証人尋問や被告人質問は裁判官や裁判員に聞かせるという意識が大切です。one sentence, one meaning で行うのも、裁判官・裁判員が理解しやすくするためです。

動画サイトへ

45

っ！と言って逃げました。

検察官　ところで、あなたはどのくらいの距離から殺害場面を見ましたか。

証　人　南東側にある戸を開けて 13 尺（㉖★）くらいの距離です。一段上がったところに弟さんは布団を敷いていつも寝ておられました。

検察官　弟さんの頭はどちらを向いていましたか。

証　人　東山のある方角です。だから、喉を切る場面も見ることができました。…㉗

検察官　なるほど、はっきり見えたということですね。これで終わります。

（反対尋問：下総タミ）…㉘

裁判官　続いて弁護人は、反対尋問を始めて下さい。

弁護人　殺害現場を見たということですが、酉刻頃ですから、もう夕刻で部屋も暗かったですよね。

証　人　はい、確かに暗かったですが、13 尺くらいなので、見えました。

弁護人　視力はどれくらいですか。

証人　測ったことがありません。

弁護人　あなたは目が良いという証拠はないということですね。失礼ですがあなたは何歳になられますか。

証　人　65 歳です。

弁護人　65 歳ということは視力も衰える頃ですね。

検察官　異議あり！　今の発言は弁護人の意見の押し付けです。…㉙（→p. 49）、㊽（→p. 61）

裁判長　弁護人、ご意見は。…㉚（→p. 49）

弁護人　意見ではなく、一般的な傾向を述べたままです。

裁判長　（ほかの裁判官と相談しながら）異議を認めます。弁護人は尋問の言い方に気をつけて下さい。

弁護人　わかりました。視力の方、最近どうですか。前と変わらず見えますか。

証　人　はい、見えています。

弁護人　あなたは殺害現場を見たということですが、南側から入ってきて、被告人は被害者のどの位置にいたか覚えているのですか。

46

『高瀬舟』で文学模擬裁判

●ポイント解説　（用語や注釈、演技のポイントを確認しましょう）

（★がついた解説はシナリオ改編のヒントとなるものです）

㉖★　13尺は約4m。

㉗　例えば、この証言をぜひ印象に残したいと考えるならば、証人が答えている間、裁判官席のほうに体を向けて「ここ、大事なので注意して聞いておいて下さいよ」というメッセージを発することもスキルの1つです。

㉘　反対尋問・反対質問は主尋問・主質問で出た証言・供述の信用性を弾劾するために行います。誘導尋問をしてもかまいません。「はい」か「いいえ」で答えるしかないようなclosed questionを行います。open questionで訊くと、言い訳されて証言・供述の信用性が逆に高まってしまいます。深追いすると主尋問・主質問で出た内容が証明できることを固めてしまう「塗り壁」尋問・質問になります。被告人に言い訳をさせて暴走させてはいけないのです。証人・被告人の言い分を弾劾して信用性をおとしめるために、コントロールしなければならないのです。新しいことを引き出すことではなく主尋問・主質問で出てきたことの内容の弾劾です（もし主尋問・主質問が短く、内容が薄い場合はオープンで訊き出して弾劾していきます）。open questionで訊いてもいいのは、どんな答えが返ってきても次の質問につないでコントロールできる答えしか返ってこないことが明らかな時です。また、深追いしてもいけません。「寸止め」が大事です。押し問答にならないように気をつけましょう。手前で止めて、余韻を残して裁判官・裁判員に心象を形成させる、つまり聴き手に疑わしいと感じとってもらうようにします。追いかけると逆効果です。矛盾を認めさせる直前で止めることです。

動画14

主尋問・主質問と異なり反対尋問・反対質問の場合は、主人公は、尋問・質問者です。スポットライトを浴びて「私を見て！」というイメージで演じましょう。テンポ良く自分のペースで行いましょう。ただ、裁判官・裁判員を意識してわかりやすく、が大事です。質問にたくさん盛り込んではいけません。one sentence, one meaningが原則です。証人・被告人と事前にあって話すことがないので、どんな答えが返ってくるかわかりません。不利な内容が出ることも十分あります。不利な情報が出ていて味方の主張に支障がある場合は、ひっくり返しましょう。有利な情報が出ていたら、ダメ押しで質問して確認するのもよいでしょう。尋問するたびに一歩ずつ近づいていって、いつの間にかそばにいるというふうに動くこともできます。ただ、相手側の両分にまで入るのはNGです。もし、相手が距離を縮めて尋問・質問してきたら、証人・被告人は圧迫感を抱きます。「威圧的です」と異議を出しましょう。

動画サイトへ

証　人　はい、覚えています。私から見て背中を向けていました。

弁護人　ということは被告人の身体が寝ている被害者の前にあるので、あなたからは死角になって見えませんよね。

証　人　いえ、ちゃんと見えました。

弁護人　剃刀といっても包丁みたいな大きさではないのですよ。剃刀も見えたんですか。

証　人　はい、見えました。

弁護人　ところで神無月29日の京都の日没は何時か知っていますか。

証　人　いえ、知りません。

弁護人　酉刻前頃(**㉛★**)です。もう京都でいうとだいぶ暗くなってきている頃です。あなたの主張をまとめて言うと、日没後の時間、掘立小屋のような家の暗くなった中で、南のほうから入ってきたあなたは被告人の背中が南側にあって、被害者の全体が見えないのにも関わらず、包丁ほど大きくもない剃刀まで見えた、というのですね。これで反対尋問を終わります。

裁判官　証人尋問を終わります。検察官から再主尋問はありますか。…**㉜**

検察官　(あれば)あります。(なければ)ありません。…**㉝★**

証　人　(あれば、答える)

裁判官　それでは裁判官、裁判員よりお尋ねします。(あれば…)…**㉞**(→p. 51)

証　人　(あれば、答える)

裁判官　裁判員の方、他にありませんか。

　　　　(あれば)裁判員に発言を認める。

　　　　(なければ)次のセリフへ

裁判官　下総タミさん、ごくろうさまでした。傍聴席にお戻り下さい。引き続き、羽田庄兵衛さんの証人尋問を行います。庄兵衛さん、証言台の所にお越し下さい。(来たことを確認して)(**㉟★**→p. 51)では、検察官始めて下さい。

[主尋問：羽田庄兵衛]…**㉓㉔㉕**(→p. 45)、**㊾**(→p. 63)

検察官　庄兵衛さん、あなたと被告人との関係を教えて下さい。

48

『高瀬舟』で文学模擬裁判

● ポイント解説　（用語や注釈、演技のポイントを確認しましょう）

（★がついた解説はシナリオ改編のヒントとなるものです）

㉙　異議を出すことは、法令違反の尋問・質問とそれに対する証言・供述が証拠とされることを阻止することが目的です。異議を出されないためにはどう答えたらよいか考えてみましょう。
　異議を出す場合は、タイミングを逸しないことです。証人や被告人が答える前に「異議あり！」と発し、腰を半分浮かすつもりで相手の流れを止めるために勢いよく出すことがポイントです(机を叩いて「異議あり！」というくらいに)。大事なのはことばと体を一致させることです。ことばは体の使い方や動かし方により、そのことばに力が生じます。「頑張ります！」という際にうなだれて言うかガッツポーズで言うか、どちらが力強いか一目瞭然でしょう。また異議を出した場合、理由も述べます。何かまずいと感じたら、異議を出し、とりあえず何か理由を述べましょう。（→ p.61 ㊹）

㉚　裁判官は異議が出た場合は、出された側に意見を聞き、その結果を受けて３名ですぐに相談して異議を認めるか、棄却するか（異議事由にあたるかどうか）判断します。認めた場合は、「異議を認めます」と述べ異議を出された側に「尋問（質問）の内容を変えて下さい」、棄却した場合は「そのまま尋問（質問）を続けて下さい」と言って進行します。「棄却します」と「却下します」は意味が異なります。そもそも異議を出せない場面で出した場合「却下」となります。

㉛★　酉刻前頃とは、正確には 16 時 49 分になります。

㉜　再主尋問・質問はリカバリーするための尋問・質問です。証人（被告人）が相手側に追い詰められしどろもどろになっている、不利な状況になっていると判断したら、形勢をリカバリーするために再度尋問・質問を行いましょう。前述の状況にもかかわらず出さないことは証人・被告人を見捨てたも同然です。再主尋問・質問の場合、最初に「１つあります」というように何個あるのか示します。多くても 5～6 個でしょう。

動画 14

㉝★　次のような再主尋問と答えが考えられます。
「弟さんが死にたいと言っていたことを聞いたことあるか」→「聞いたことはない」
「いつから見ていたのか」→「殺した場面をはっきり見た」
「なぜ確信が持てるのか」→「血の匂いがした」など（本文には匂いに関する記述はありませんが）。

動画 15

動画サイトへ

証　人　私は同心なのですが、被告人が弟殺しで高瀬舟で京都から大阪へ護
　　　　送される時に担当した者です。…**㊱**★

検察官　護送した時、被告人はどんな様子でしたか。

証　人　被告人の顔が縦から見ても横から見ても、いかにも楽しそうで、も
　　　　し私に気兼ねがなかったら、口笛を吹き始めるとか鼻歌を歌いだす
　　　　とかしそうに思いました。　　　　　　　　　　　　　　動画18

検察官　なぜそんなふうに見えたのですか。

証　人　高瀬舟での護送は何度経験したかわからないほどですが、普通載せ
　　　　ていく罪人は島に行くのを悲しがり、行く末を案じて親類たちと夜
　　　　通し泣いております。けれど、この喜助だけは遊山舟に乗ったよう
　　　　な顔をしていました。どんな理由であれ、弟を殺した場合は人の情
　　　　として良い気持ちがしないはずです。しかしこの喜助の場合は、気
　　　　でも狂ったのではないかと思うほど穏やかでした。

検察官　高瀬舟の中でほかに被告人の言動で印象に残ることはありますか。

証　人　遠島を仰せつけられた罪人には鳥目200銅（**㊲**★）を与えるのです
　　　　が、今まで200文を持ったことがないので、この200文を島で
　　　　する為事の元手にしようと楽しんでいる、と述べていました。

検察官　わかりました。ありがとうございます。

［反対尋問：羽田庄兵衛]…**㉘**（→p. 47）

裁判官　弁護人、反対尋問をどうぞ。

弁護人　被告人を見て、いかにも楽しそうで、もし私に気兼ねがなかったら、
　　　　口笛を吹き始めるとか鼻歌を歌いだすとかしそうに思いました、と
　　　　述べていますが、あなた以外にそのように見えた、という人は他に
　　　　いますか。

証　人　そのことについて、話した人はいません。

弁護人　ということは、あなたにはそう見えたということで、主観的な判断
　　　　ですね。

証　人　……（**㊳**★）

弁護人　鳥目200銅のときの様子も、あくまでもあなたの目にはそう映っ
　　　　たということですね。

●ポイント解説　（用語や注釈、演技のポイントを確認しましょう）

（★がついた解説はシナリオ改編のヒントとなるものです）

㉞　裁判官・裁判員による「補充尋問」といわれます。判断を下すにあたり、検察官や弁護人が訊いていないことで、明らかにしたいことや判断材料にしたいことを訊いたりします。　　　　　　　　　　　　　　　　　　　　　　　　　　　　　動画 16

㉟★　「高瀬舟には何名いたのでしょうか？」といった質問から入ることも考えられます。　　　　　　　　　　　　　　　　　　　　　　　　　　　　　　　動画 17

㊱★　「同心」とは御家人（幕臣）が就く職種です。薄給で武士の身分としては低く、与力の補佐役でした。

㊲★　鳥目 200 銅とは、銅銭で 200 文のこと。鳥目とは、中央に穴が空いた江戸時代の銭で、鳥の目に似た形だったことからこのようにいわれます。鳥目 200 銅(200 文)は今でいうと 4～5000 円です。

モニター前で近づいて行う弁護側反対尋問

㊳★　反論を考えて述べてもかまいません。また、「主観的な判断ですね」という発言は弁護人の意見なので、検察側は異議を出せます。

動画サイトへ

証　人　……そういうことになりますが。

弁護人　客観的事実ではないのですね。終わります。

裁判官　検察官、再主尋問はありますか。…㉜（→p. 49）

検察官　（あれば）あります。（なければ）ありません。

被告人　（あれば、答える）

裁判官　それでは裁判官、裁判員よりお尋ねします。（あれば…）

被告人　（あれば、答える）

裁判官　裁判員の方、他にありませんか。

　　　　（あれば）裁判員に発言を認める。

　　　　（なければ）次のセリフへ

裁判官　庄兵衛さん、ごくろうさまでした。傍聴席にお戻り下さい。

[場面４]

[被告人主質問：喜助]…→⑳㉑㉓㉔㉕（→p. 43, p. 45）、㊾（→p. 63）

裁判官　続いて被告人質問を行います。被告人は証言台の所に来てください。
　　　　では弁護人は主質問を始めて下さい。

弁護人　家族は弟さん以外におられたのですか。

被告人　おりません。小さい時に両親とも疫病（えやみ）で亡くなりました。

弁護人　そうですか。いろいろと苦労されたでしょうね、それは。どうやっ
　　　　て今まで暮らしてこられたのですか。

検察官　異議あり！　その質問は本件と関係がありません！…㊴㊵、㊽（→p. 61）

裁判長　弁護人ご意見は？

弁護人　犯行に至った経緯に関わる重要な質問です。関係あります。

裁判長　（顔を互いに見合わせて）異議を棄却します。質問を続けて下さい。

被告人　近所の方々のおかげです。初めは近所の人たちがお恵み下さり、使
　　　　い走りなどさせてもらって飢え凍えることもせずに済みました。

弁護人　それは苦労されたのですね。それからはどうされましたか。

被告人　なるだけ２人、離れないようにして一緒に助け合って働きました。
　　　　いろいろな仕事をしてきました。ですが、世間で仕事を見つける
　　　　のには苦しみました。常にいつクビになるかわからず不安定でした。

52

『高瀬舟』で文学模擬裁判

●ポイント解説　　（用語や注釈、演技のポイントを確認しましょう）

（★がついた解説はシナリオ改編のヒントとなるものです）

㊴ 異議を出すことは、法令違反の尋問・質問とそれに対する証言・供述が証拠とされることを阻止することが目的です。異議を出されないためにはどう答えたらよいか考えてみましょう。　　　　　　　　　　　　　　　　　　　　　動画 19

異議を出す場合は、タイミングを逸しないことです。証人や被告人が答える前に「異議あり！」と発し、腰を半分浮かすつもりで相手の流れを止めるために勢いよく出すことがポイントです（机を叩いて「異議あり！」というくらいに）。大事なのはことばと体を一致させることです。ことばは体の使い方や動かし方により、そのことばに力が生じます。「頑張ります！」という際にうなだれて言うかガッツポーズで言うか、どちらが力強いか一目瞭然でしょう。また異議を出した場合、理由も述べます。何かまずいと感じたら、異議を出し、理由を述べましょう。（→p. 61 ㊽）

㊵ 裁判官は異議が出た場合は、出された側に意見を聞き、その結果を受けて3名ですぐに相談して異議を認めるか、棄却するか（異議事由にあたるかどうか）判断します。認めた場合は、「異議を認めます」と述べ異議を出された側に「尋問（質問）の内容を変えて下さい」、棄却した場合は「そのまま尋問（質問）を続けて下さい」と言って進行します。「棄却します」と「却下します」は意味が異なります。そもそも異議を出せない場面で出した場合「却下」となります。

動画サイトへ

去年の秋（❹❶★）からは弟の一緒に西陣の織場に入って、空引をすることになりました。

弁護人　空引とはどんな仕事ですか。　　　　　　　　　　　　　　　　動画20

被告人　空引というのは、2人1組で着物を織る空引機という着物を織る機械を扱う仕事です。1人は9.9尺くらいの高い所にいて経糸を空に向かって引上げ、もう一人は下にいて横糸を織り込む仕事をしています。2人の息が合わないといけません。…❹❷★

弁護人　かなりきつい仕事だったんですね。高い所に座るわけですから、危なかったでしょう。

被告人　いいえ、慣れたら高齢者でも大丈夫ですし、危険ではありません。そのうちもともと体の弱かった弟が病気になり、寝込むようになり、私が1人で働いて家計を支えることになりました。

弁護人　収入はどうでしたか。

被告人　その日暮らすのに精いっぱいで貯蓄など到底できませんでした。仕事が見つかり次第、骨を惜しまずに働きました。しかしもらったお金はいつも右から左へ人手に渡さなくてはなりませんでした。現金で物が買って食べられるときは、工面のいいときで、大抵は借りた物を返してまたあとを借りたのでございます。住まいも北山の掘立小屋同様のところでした。

弁護人　だいぶ苦労されたんですね。

被告人　京都は結構な土地でございますが、京都で私のしてきたような苦しみはどこに行ってもなかったと思います。苦労、苦労の連続でした。京都に私の居場所はなかったのです。名残はありません。…❹❸★

弁護人　島に流されるという罪を受けた時はどう思われたのですか。

被告人　ほっとしました。私は体も丈夫ですし、島に行って辛い仕事をしても痛めることはないでしょう。何よりも200文の鳥目を頂いたことが何より嬉しいです。今までこのようなお金を懐（ふところ）に入れて持ったことがありません。自分の物として持っていること自体初めての経験です。200文を島での為事の元手にしようと思っています。

弁護人　どんな仕事を考えていますか。

『高瀬舟』で文学模擬裁判

●ポイント解説　（用語や注釈、演技のポイントを確認しましょう）

（★がついた解説はシナリオ改編のヒントとなるものです）

距離を取って行う弁護側主質問

❹❶★　去年の秋とは寛政元年の秋のこと。

❹❷★　9.9尺とは約3m。

❹❸★　ここのセリフを（　　）にして、被告人役の生徒に考えさせるという方法もあります。
京都という土地への皮肉がこめられているところです。

動画サイトへ

55

被告人　西陣での経験がありますので、機織(はたおり)などで衣服をつくっていたわけではないですが、そういう類の仕事を考えています。

弁護人　なるほど、喜助さんにとっては島での生活に希望を抱いておられるんですね。次に思い出すのも辛いことでしょうが、弟さんが自殺を図った時の様子について説明して下さい。

被告人　弟は自分の喉笛を剃刀で切りました。そして横に滑った剃刀をうまく抜いてくれたら俺は死ねる、話すのも辛い、どうか手を貸してくれ、と言いました。

弁護人　それからどうなりましたか。…㊹

被告人　弟は私の顔をじっと見ていました。やっとのことで、待ってくれ、医者を呼んでくるから、と言いました。弟は恨めしそうな目つきをして、また左手で喉をしっかり押さえ、医者を呼んで何になる、苦しい、早く抜いてくれ、頼む、と懇願するのです。その目がだんだん険しくなってとうとう敵の顔を睨(にら)むように憎々しい目になってきました。それで私は、仕方がない、抜いてやるぞ、と言いました。すると弟の目はがらりと変わって晴れやかにさも嬉しそうになりました。私は一思いにしなくては、と膝をつくように体を前に乗り出し、弟はついていた右の手を放して今まで喉を押さえていた手の肘を床について横になりました。私は剃刀の柄をしっかり握って引きました。…㊺★　　　　　　　　　　　　　　　　　　　　　　　動画21

弁護人　それからどうしました？

被告人　ちょうどそのときタミさんが入ってきましたが、あっと言って駆け出して行きました。タミさんがどこまで見たかはわかりません。私は剃刀を抜くとき、手早くまっすぐ抜こうと心掛けましたが、抜いた時に今まで切れていなかったところを切ったように思われました。刃が外を向いていたので、外が切れたように思いました。

弁護人　それからあなたはどうしたのですか。

被告人　剃刀を握ったままタミさんの入ってきてまた駆け出して行ったのをぼんやり見ていました。タミさんが行ってしまってから気が付いて弟を見ますと、もう弟は息が切れていました。傷口からは大量の血

●ポイント解説　（用語や注釈、演技のポイントを確認しましょう）

（★がついた解説はシナリオ改編のヒントとなるものです）

㊹ 例えば、この証言をぜひ印象に残したいと考えるならば、証人が答えている間、裁判官席のほうに体を向けて「ここ、大事なので注意して聞いておいて下さいよ」というメッセージを発することもスキルの１つです。

㊺ 参考資料（当時の剃刀）

「新編金瓶梅　丁稚の笑二　多金の於蓮」歌川国貞（安政２年、1855年）
（資料番号 H-22-1-1-280　国立歴史民俗博物館蔵）

㊺★ 「握って」このあと「切れた」となるのですが、この２つの動作を分析して考えるという見方もあります。

動画サイトへ

が流れておりました。私は剃刀をそばに置いて、目を半分開いたまま死んでいる弟の顔を見つけていました。

弁護人　それから誰か来ましたか。

被告人　年寄衆が来て役場に連れていかれました。

弁護人　あなたはどんな気持ちで弟さんに剃刀を向けたのですか。

…以下㊻★

被告人　確かに殺してくれ、という弟の目が恐ろしかったことも理由です。しかし苦しんでいる弟を楽にしてやりたい、苦しみから救ってやりたい、苦しみを避けて快い気持ちに、楽にしてやりたいという思いからです。死ぬに死にきれない弟は死の恐怖に晒されていました。剃刀を向けることはその恐怖を減じてあげること、苦痛を無くしてあげることを意味します。

弁護人　なるほど、つまり、喜助さんは苦痛だけを取ってあげようとしたわけですね。

被告人　はい、そうです。結果的に弟は亡くなってしまいましたが…

弁護人　剃刀を向ける時点で、弟さんはまだ助かると思いましたか。

被告人　いえ、もう無理だと正直思いました。助かる見込みもないのに、苦しみだけ与えるのは弟にとってあまりにも酷だと思いました。

弁護人　なるほど、他に言いたいことがありますか。

被告人　今思ってみますと、どうしてあんなことができたかと、自分で不思議でなりません。全く夢中で致しましたのでございます。

…㊻★ここまで

弁護人　終わります。

［被告人反対質問］

裁判官　続いて、検察官は反対質問を始めて下さい。

検察官　あなたは弟さんの目が苦しい、早く抜いてくれ、頼むと懇願していると言いましたね。…㊼

被告人　はい。

検察官　タミさんは、その時の弟さんの目を見ていたと思いますか。

被告人　暗かったので、見ていないと思います。

●ポイント解説　（用語や注釈、演技のポイントを確認しましょう）

（★がついた解説はシナリオ改編のヒントとなるものです）

㊻★　弁論の主張につながる内容を被告人から引き出すやりとりを考えさせるというねらいでここの箇所を省略してもかまいません。

㊼　反対尋問・反対質問は主尋問・主質問で出た証言・供述の信用性を弾劾するために行います。誘導尋問をしてもかまいません。「はい」か「いいえ」で答えるしかないような closed question を行います。open question で訊くと、言い訳されて証言・供述の信用性が逆に高まってしまいます。深追いすると主尋問・主質問で出た内容が証明できることを固めてしまう「塗り壁」尋問・質問になります。被告人に言い訳をさせて暴走させてはいけないのです。証人・被告人の言い分を弾劾して信用性をおとしめるために、コントロールしなければならないのです。新しいことを引き出すことではなく主尋問・主質問で出てきたことの内容の弾劾です（もし主尋問・主質問が短く、内容が薄い場合はオープンで訊き出して弾劾していきます）。open question で訊いてもいいのは、どんな答えが返ってきても次の質問につないでコントロールできる答えしか返ってこないことが明らかの時です。また、深追いしてもいけません。「寸止め」が大事です。押し問答にならないように気をつけましょう。手前で止めて、余韻を残して裁判官・裁判員に心象を形成させる、つまり聴き手に疑わしいと感じとってもらうようにします。追いかけると逆効果です。矛盾を認めさせる直前で止めることです。

主尋問・主質問と異なり反対尋問・反対質問の場合は、主人公は、尋問・質問者です。スポットライトを浴びて「私を見て！」というイメージで演じましょう。テンポ良く自分のペースで行いましょう。ただ、裁判官・裁判員を意識してわかりやすく、が大事です。質問にたくさん盛り込んではいけません。one sentence, one meaning が原則です。証人・被告人と事前にあって話すことがないので、どんな答えが返ってくるかわかりません。不利な内容が出ることも十分あります。不利な情報が出ていて味方の主張に支障がある場合は、ひっくり返しましょう。有利な情報が出ていたら、ダメ押しで質問して確認するのもよいでしょう。尋問するたびに一歩ずつ近づいていって、いつの間にかそばにいるというふうに動くこともできます。ただ、相手側の両分にまで入るのは NG です。もし、相手が距離を縮めて尋問・質問してきたら、証人・被告人は圧迫感を抱きます。「威圧的です」と異議を出しましょう。

検察官　つまりあなた以外、殺してくれと訴えるような弟さんの目は誰も見ていないのですね。

被告人　はい。

検察官　つまり、あなたの独断で客観的な証拠はないのですね。

被告人　言われてみるとそうなります。

検察官　あなたは町奉行所で半年も取調べを受けているんですよね。

被告人　はい。

検察官　1回目の取調べではさきほどのようにまとまった話ができましたか。

被告人　いえ、できませんでした。やはり奉行所に引っ張っていかれたということで精神が混乱しました。

検察官　理路整然と話されていますが、最後にあなたはこう言いましたよね。「今思ってみますと、どうしてあんなことができたかと、自分で不思議でなりません。全く夢中で致しましたのでございます」、と。夢中でしたわりには、なぜ克明に覚えているのですか。

被告人　記憶を呼び起こすうちにまとまってきました。

検察官　何度も取調べを受けて記憶を呼び起こしながら、条理が立ち過ぎるほどまとまっていったということは、虚構が交じる可能性もありませんか？

弁護人　異議あり！　今のは検察官の意見です。…❹❽

裁判長　検察官、ご意見は。

検察官　あまりにまとまった話ができてきた経緯に関する事実を問う質問です。

裁判長　（相談して）異議を棄却しますが、検察官は今後、質問内容には注意をしていって下さい。

検察官　はい。改めて訊き直しますが、今思ってみますと、どうしてあんなことができたかと、自分で不思議でなりません。全く夢中で致しましたと言いながら、あなたは状況を詳しく覚えているのですね。

被告人　はい。強烈な体験でしたから。

検察官　いつタミさんに気づいたのですか。

被告人　弟の喉を切って、すぐだったように思います。

『高瀬舟』で文学模擬裁判

● ポイント解説　（用語や注釈、演技のポイントを確認しましょう）

（★がついた解説はシナリオ改編のヒントとなるものです）

近づいて行う検察側反対質問

㊽ 尋問・質問で異議を出せる場合は次の通りです。　　　　　動画22
　① 主尋問・主質問における誘導尋問・質問（ただし争いのない事実についての誘導は禁止の対象外）
　② 誤導尋問（争いのある事実または未だ供述に現れていない事実
　　 を前提として又は仮定してする尋問・質問）。
　③ 威嚇的・侮辱的な尋問・質問
　④ 重複尋問・質問（何度も同じことを訊く）
　⑤ 意見を求める尋問・質問
　⑥ 議論にわたる尋問・質問
　⑦ 証人が直接経験していない尋問・質問
　⑧ 関連性のない尋問・質問
理由を述べる際は、ここにある表現を使わなくても、聞いてわかりやすいことばを使うとよいでしょう。

動画サイトへ

61

検察官　切った時に、今まで切れていないところを切ったと感じたんですよね。

被告人　はい。

検察官　まずい、と思いましたよね。

被告人　はい。

検察官　でもあなたは、弟さんのことより、剃刀を握ったままタミさんが入ってきてまた駆け出していったのをぼんやり見ていました。タミさんが行ってしまってから気が付いて弟を見ますと、と証言していますよね。なぜ、命の危い弟さんよりタミさんのことが気になったのですか。

被告人　……よく覚えていません。

検察官　弟さんが死ぬ間際に何も措置をしていないのですね。…㊾

被告人　はい。

検察官　ところで、弟さんが病気になって薬代など負担でしたか。

被告人　はい。

検察官　家計のうちどれくらい、薬代に消えましたか。

被告人　半分は消えました。…㊿★

検察官　では、弟さんが病気になったことはかなり生活上重かったことでしょうね。

被告人　はい。それを苦に弟は自殺を図ったくらいですから。

検察官　弟さんのことはあなたにとって負担だったでしょう。

被告人　……でも唯一の家族ですから…

検察官　ところで、あなたは島流しの刑にいったんなりましたが、どこへ流されることになっていたのですか。　…以下(51)★

被告人　隠岐です。

検察官　公事方御定書（くじかたおさだめがき）に弟殺しは島流しの刑という定め書きがあることを知っていましたか。

被告人　町の人のうわさで聞いたことがあります。

検察官　あなたは200文をもらってとても嬉しそうな顔をしていたのですよね。

『高瀬舟』で文学模擬裁判

●ポイント解説　　（用語や注釈、演技のポイントを確認しましょう）

（★がついた解説はシナリオ改編のヒントとなるものです）

⓵　誘導尋問とは

「YES か NO で答えられる」、「質問者の意図する（認めさせたい）内容、期待する答えが質問の中に含まれる」尋問のことです（ここでは「尋問」に「質問」も含めて記します）。

主尋問で誘導尋問が許される場合（刑事訴訟規則199条の3第3項）は次の通りです（生い立ちから聴いていくことなどすると時間が足りなくなるなど、全面的に禁止されると主尋問が長くなってしまいます）。模擬裁判では、A から C が特に重要です。

　A　証人の身分、経歴、交友関係などで、実質的な尋問に入るに先だって明らかにする必要のある準備的な事項に関するとき、前提事項の質問は認められる。

　B　訴訟関係人に争いのないこと（模擬裁判との関係では、お互いに認めている事実、という程度で考えてください）が明らかな事項に関するとき。

　C　証人の記憶が明らかでない事項についてその記憶を喚起するための必要があるとき。

　D　証人が主尋問者に対して敵意又は反感を示すとき。

　E　証人が証言を避けようとする事項に関するとき。

　F　証人が前の供述と相反するか又は実質的に異なる供述をした場合において、その供述した事項に関するとき。

　G　その他誘導尋問を必要とする特別の事情があるとき。

⓾★　より具体的に突っ込んで訊くのも考えられます。

㊶★　論告の3つめの主張につながる内容を被告人から引き出すやりとりを考えさせるねらいで、ここの箇所を省略してもかまいません。

63

被告人 　はい。生活が苦しくて今までそんな大金を手にしたことがなかった
　　　　ので。

検察官 　元手にして島での暮らしに希望を持っていたのですね。

被告人 　はい。

検察官 　隠岐は流人が島の人たちに一番大事にされる所ですからね。それは
　　　　あなたにとって願ってもないことですよね。

被告人 　隠岐がそういう島だということは初めて知りました。

検察官 　これまでのことを確認しますと、弟さんが殺してくれと目で訴えた
　　　　ことに関してはあなた以外に誰も証明することがない状態の中で、
　　　　あなたは弟さんの喉を切った。あなたは、弟さんが息もたえだえに
　　　　なっているのに、タミ婆さんのことが気になっていた、気付いたら
　　　　既に弟さんは死んでいた。しかもその時あなたは何も救命措置をし
　　　　ていない。死んだ弟さんは家計的にもしんどい存在だった。そして
　　　　あなたは今回のことが契機になって、島に流されることになり、島
　　　　での暮らしに希望を持っているということですよね。事前に弟殺し
　　　　の罪が島流しになることも知っていたと。

被告人 　はい。そうなります。

検察官 　あなたの弟を苦から救ってあげたかったということは、客観的に証
　　　　明できませんよね。

被告人 　……(❺❷★)

検察官 　島流しの刑を知っていて、弟さんの存在を苦にしていたあなたは、
　　　　弟さん自ら自殺を図ったことを良いことに、さっさと死ねばいいと
　　　　思って、とどめを刺して殺し、何も負担がなくなって、200文も
　　　　らって新しい島の生活に希望を持っていて、同心が不思議に思うく
　　　　らいに穏やかな笑いを浮かべていたんじゃないですか。…❺❸★

被告人 　なんてひどいことを言うんや！　ええ加減なことを言うな！

　　　　　　　　　　　　　　　　　　　　　　　　…❺❶★ここまで

検察官 　これで終わります。

裁判官 　では、被告人質問を終わります。弁護人、再主質問はありますか。
　　　　…❸❷(→p. 49)

64

●ポイント解説　（用語や注釈、演技のポイントを確認しましょう）

（★がついた解説はシナリオ改編のヒントとなるものです）

(52)★　考えて何か答えてもかまいません。

(53)★　冷静に答える形に変えてもかまいません。

(54)★　次のような質問や答えが考えられます。
「薬は効いていたか」→「症状が重いようで咳込んで血を吐いていた」

弁護人	（あれば）あります。…❺❹★（→p. 65）
	（なければ）ありません。
被告人	（あれば答える）
裁判官	それでは裁判官・裁判員よりお尋ねします（あれば）
被告人	（あれば答える）
裁判官	裁判員の方、他にありませんか。…❸❹（→p. 51）
	（あれば）裁判員に発言を認める。…❺❺★
	（なければ）次のセリフへ
裁判官	それでは、被告人質問を終わります。被告人は、横に座って下さい。これで、証拠調べ手続を終わります。これから10分間、論告・弁論の検討時間とします。再開は○時○分からとします。それでは休廷します。

［場面5］

4. 論告・弁論手続…❺❻

［論告・求刑］…❺❼

裁判官	それでは再開します。これから両当事者のご意見を伺います。まず、検察官は論告を行って下さい。
検察官	（❺❽）まず、事実関係ですが、被告人の本件犯行は当公判廷において取調べ済みの各証拠によって証明十分と考えますが、改めて説明致します。
	被告人は、殺意を以て被害者である弟・幸助さんを殺害しました。そのように主張する理由は3つ（❺❾→p. 69）あります。第一に第三者が殺害現場を目撃したという事実です。いつも身の回りの世話をしている下総タミさんは弟さんの様子を見に行った際に、ちょうど被害者の喉を切っている被告人の姿を見ています。その時の被告人は血を流して瀕死の状態であった被害者よりも現場を目撃したタミさんのことを気にかけており、救命措置も取っておりません。しかもいつもと違って戸が閉まっている状態だったことから、自殺を図って苦しむ弟にとどめを刺すことを咄嗟に思いつき、他人から見ら

『高瀬舟』で文学模擬裁判

● ポイント解説　（用語や注釈、演技のポイントを確認しましょう）

（★がついた解説はシナリオ改編のヒントとなるものです）

㊺★　「弟さんと仕事はどちらが大事ですか」、「罪悪感を感じてますか？」、「常日頃から自殺したかったと言ってましたか？」など。

㊻　論告・弁論は検察側・弁護側にとって最後の主張の場です。この事件はこのように判断されるべきだと主張し意見を述べます。主張が正しいとされるためには、証拠が必要となります。証拠はこういうふうに見るべき、だからこういう事実が認められるなどと主張します。また、争いのある事実については、

裁判官の前にプレゼン資料を掲げて行う検察側論告

その意見と証拠の関係を具体的に明示して行わなければなりません。
冒頭陳述と異なり聞き手を説得する必要があります。その場でいきなり立って述べてはいけません。ことばはどこで発するかによって、そのことばの力は変わってきます。この場合、一番訴えたい人の真正面に移動しましょう。証言台あたり裁判長の前かつ少し自陣営側まで来たら、すぐに始めるのではなく、裁判官・裁判員9名全員としっかりアイコンタクトを取って、最後にもう一度裁判長の目を見据えて十分に間合いを取ってからことばを発しましょう。弁論も同様です。他のメンバーは裁判官・裁判員の方を見据えましょう。チームとしての一体感が出せます。

㊼　「論告」は証拠調べが終わった段階で検察官が法廷で公訴事実や法律の適用について意見を述べること、「求刑」は刑罰を請求することです。論告は心は熱くても態度は冷静に、淡々とことばを発しましょう。　　　　　　　　　　　　　動画23
ただ紙面ばかり見てはだめです。できるだけ裁判官と裁判員9名の表情を見ながらことばを発しましょう。「極めて」ということばを使ったり大事なところを繰り返して強調したりします。　　　　　　　　　　　　　　　　　　　　動画24

㊽　論告も弁論もルールオブスリーの原則（どんな複雑な物事でも3つに集約・整理できる）でまとめることが肝要です。その原則に基づいて、判決を下した理由を自分たちのことばで3点述べます（プロの判決文を真似する必要はありません）。
一番重要な理由は最初に、二番目に重要な理由は最後に、最も軽い理由は真ん中に挟んで述べましょう。primary効果、recently効果といって、人は一番最初と最後のことばが印象に残るのです。2つめまでを話したら、一旦整理して3つめに入ると、聴き手によりわかりやすくなります。

高瀬舟

動画サイトへ

67

れないように殺害するためだったといえます。犯行当時は暗かった
ですが、犯行現場にいつも行き慣れて、中の構造もよく知っている
タミさんからすれば、多少暗くても何があったのかはわかったとい
えます。第二に被告人の証言には信用性がないことです。被告人は
しきりに弟が殺してくれと訴えた、と申しておりますが、その場面
を見た者は誰もおらず、被告人の主観的主張に過ぎません。被告人
は自ら「どうしてあんなことができたかと、自分で不思議でなりま
せん。全く夢中で致しました」と証言しています。夢中でやったに
も関わらず、証言したようにはっきりと被害者とのやりとりを覚え
ているのは極めて不然です。犯行現場の被告人の証言は、何度も繰
り返し取調べを受けてくる中で出来上がった内容であるといえます。

…以下**60**

　第三に被告人には殺害する動機があるということです。被告人は
被害者と生計を1つにしておりましたが、大変生活が苦しい状態で
した。そのさなかに被害者は不治の病に犯され、生活費の半分は薬
代に消え、台所は火の車であったといえます。また被告人は弟殺し
は流罪となることは事前に知っておりました。また京都での暮らし
づらさを感じていたのは本人の証言からも明らかです。したがって、
以前から弟殺しを計画していなくても、自殺して苦しんでいる姿を
見て、咄嗟に殺そうと考えたのは不自然ではありません。現に、高
瀬舟の上で、もらった鳥目を大事そうに抱え、島での生活に希望を
見出しているという被害者のことばを聴いたことや、一般的に遠島
になった罪人とは違って非常に落ち着いていて笑みさえ浮かべてい
たという庄兵衛氏の証言は、裏付ける証拠となっています。…**60**ここまで

　以上のことから、被告人が殺意を以て弟を殺したことは明らかで
あり、（　　　　）に処するのが相当と考えます。…**61**

[弁護人の弁論]…**62**

　裁判官　続いて弁護人は弁論を行って下さい。

　弁護人　（**63**）裁判官、裁判員の皆さん、被告人・喜助さんは同意殺人罪で
　　　　　　す。弟（**64**★）さんを思うあまり、自分の正しいと思うところに従

68

●ポイント解説　（用語や注釈、演技のポイントを確認しましょう）

（★がついた解説はシナリオ改編のヒントとなるものです）

(59) 効果的に指差しを使いましょう。1つめ、という場合、まず、指で示してそれから1つめの理由を述べます。まず「1」を指で示して注目を集めてから「1つめは、…」とことばを発するという順序です。指差しとことばの順序が逆になっても同時でもいけません。「show & tell」です。その場合肘を上げる角度も意識しましょう。

(60) (51)★との関連からここを省略してもかまいません。なお、ルールオブスリーの原則からすると、動機は重要度が低いので、2つめにおくのがベストです。動機が2つめにくるように、順序を考えてみましょう。

(61) 量刑については過去の判決を調べて考えてみましょう。また、この一文は重要なところなので暗記して、裁判官のほうを見ながら訴えかけましょう。　動画25

(62) 「弁論」は弁護人の最終意見です。弁論は論告と違って、情熱的に訴えてもよいでしょう。弁論は「後攻」の有利さもあります。検察官が述べた「論告」のことばをそのまま引用して矛盾を突けば効果絶大です。情状を訴えたりします。

(63) 大事な主張したいセリフは暗記して、裁判官・裁判員を見て、ことばを発しましょう。紙面を見て読んでは説得できません。　動画26

(64)★ 日々の薬が効かないと自覚し、負い目を感じていたこと、絶ちたいと思いつつ切れなかったこと、弟の意志を尊重したこと、薬を与えながら世話してきたこと、苦しい辛いことを幼い頃より一緒にしてきたことなど尋問・質問で出ていたらそれらを付け加えたり、被告人のその後の更生も含めて判断してほしいなどを主張することも可能です。

動画サイトへ

って、自分の善悪のものさしに従って行動した結果なのです。検察官は殺害現場を見た目撃者がいると主張していますが、皆さん、考えてみて下さい。酉刻頃には日が暮れる京都の暗い中で、自分の視力もわかっていない目撃者の証言など当てになるでしょうか。それに暗い中で目撃者に背中を向けた状態だったのです。喉を切ったとしてもはっきり見えるのでしょうか。また被告人は両親を幼い頃に亡くした中で、亡くなった弟の幸助さんと長年助け合ってきたこの世で唯一の血のつながった肉親なのです。確かに薬代が生活費の大半を占めるようになったことは痛いことには違いなかったでしょう。しかし、そのことは、生まれてきたときから苦労を共にして助け合って生きてきた2人の境遇を考えると、もう弟は殺してしまってもいい、という感情には繋がりません。また、高瀬舟でお金をもらって安らかな笑みを浮かべていたことと殺害した動機は繋がりません。喜助さんはこれまで働き続けてきて、まとまったお金が手元に残ることはこれまで一度もなかったのです。今までしたことのなかった経験ができたのですから、嬉しくなるのは当然です。苦しい、悲しい中で何か喜びの種が見つかった場合、だれしも笑みを浮かべるのは自然なことです。たとえば介護で疲れている人が何か嬉しいことがあって笑っているのはおかしなことでしょうか。それと一緒です。弟さんが亡くなったことと、まとまったお金をもらって喜ぶ気持ちは別物です。それに同心の羽田庄兵衛氏の証言を裏付ける証拠は何一つなく、庄兵衛氏の主観に過ぎません。　　…❻❺ここまで

　以上のことから検察官の立証が不十分なことは明らかです。

　皆さん、改めて主張します。喜助さんは同意殺人罪です。喜助さんは苦しむ弟さんを苦から解放してあげたい、楽なようにしてやりたいという思いで、弟さんの願いを聞き入れ、やむにやまれず弟さんの喉を傷つけたのです。そこには殺してやろうという殺意はありません。裁判官、裁判員の皆さんは、喜助さんの唯一の肉親としての思いを汲み取っていただける判決を下していただくことを願っています。以上です。…❻❻（→p. 139 ❺❾）

『高瀬舟』で文学模擬裁判

●ポイント解説　（用語や注釈、演技のポイントを確認しましょう）

（★がついた解説はシナリオ改編のヒントとなるものです）

裁判官席のほぼ正面から行う弁護側弁論

㊺★　㊻★との関連からここを省略してもかまいません。ルールオブスリーに整理されていないので、3つに整理してまとめ直してみましょう。

㊻　大事な主張したいセリフは暗記して、裁判官・裁判員を見て、ことばを発しましょう。紙面を見て読んでは説得できません。

[被告人の最終陳述]

裁判官　被告人は証言台の所へ立って下さい。以上で審理を終わりますが、被告人として、最後に何か言っておきたいことがありますか。

被告人　私（❻❼★）は殺そうと思って弟を殺したのではありません。弟に目で訴えられて、苦しんでいる弟を苦しみから救ってやりたかったからその思いに尽きます。

裁判官　これで結審とします。それでは、判決は本日（　　）時（　　）分に言い渡します。…❻❽

　　　　それでは一旦休廷します。

［場面６］

5. 判決言い渡し…❻❾

裁判官　再廷します。被告人、証言台の前に出て下さい。　　　　　動画27

　　　　それでは、被告人に対する殺人事件について、判決を言い渡します。

　　　　（殺人罪の場合、同意殺人罪の場合どちらの罪の場合でも）…❼⓿

　　　　主文、被告人を懲役（　　　）年に処する。その理由を以下に述べます。…❼❶

＊判決を言い終わった後、裁判長は被告人に説諭を述べる。…❼❷

●ポイント解説　（用語や注釈、演技のポイントを確認しましょう）

（★がついた解説はシナリオ改編のヒントとなるものです）

(67)★　「弟の分も精一杯生きていこう」、「今でも忘れられません。…弟の分も強く生きていきたい」、「後悔しており罪悪感以外感じていない。罪滅ぼししたい。医者を呼ぶべきだった。罪を償って生きて行こう」などといった陳述も考えられますが、重い十字架を背負っていくことは、弟を苦から解放してやって、晴れ晴れしたところが見受けられる喜助とは異なりますから、整合性をどこかつける必要はあるでしょう。

(68)　結審は、当事者が意見を述べたり、主張したり、証拠提出が終わった段階のことです。裁判の終わりではありません。
結審の時点での時刻から評議の所要時間を加味して告知しましょう。

(69)　「判決言い渡し」とは、有罪か否か、科す刑罰を裁判長が言い渡すこと（宣告）です。裁判員はその場にいて、聞く必要があります。これが終わると裁判員の任務も終了です。判決文は主文（判決の結論部分）と判決理由に分かれます。通常、主文、判決理由の順ですが、死刑判決の時は順序が逆になることが多いとされます。「量刑」とは刑罰の重さと種類を決めることです。

(70)　（殺人罪の場合）本件では殺人罪に問うこととする（死刑や無期懲役の可能性は低いでしょう。懲役となっても 10 年が最長でしょうか）。
（同意殺人罪の場合）本件では起訴にかかる殺人罪に問うことはできず、同意による殺人を犯したこととして処断する（量刑とその理由も述べます。同意殺人罪の場合は、執行猶予をつけられます。懲役 2 年執行猶予 4 年くらいでしょうか）。

(71)　ルールオブスリーの原則（どんな複雑な物事でも 3 つに整理できる）に基づいて、その判決を下した理由を自分たちのことばで 3 点述べます（プロの判決文を真似する必要はありません）。一番重要な理由は最初に、二番目に重要な理由は最後に、最も軽い理由は真ん中に挟んで述べましょう。primary 効果、recently 効果といって、人は一番最初と最後のことばが印象に残るのです。

(72)　裁判官から被告人へのメッセージです。主文と判決理由を読み上げた後に、改めて被告人の将来についてアドバイスする機会です。書面を見ずに、自分のことばで被告人に語りかけることが大事です。

動画サイトへ

7 登場人物のキャラクタリゼーション

　キャラクタリゼーションとは登場する人物の性格を設定し、人格を持たせることです。模擬裁判を進めるにあたって、人物の情報やエピソードから人物分析を行い、人物像をつくるキャラクタリゼーションが必要になります。文学作品である小説で模擬裁判をするにあたって、重要なプロセスになります。ここに力点を置く所が公民科と違う国語科の模擬裁判の特徴です。公民科の模擬裁判であれば、登場人物は人格がないＸでもＹでも、事実だけに注目すれば差し支えありません。しかし、小説をモチーフにしている以上、登場人物がどんな人物なのか、小説本文を読んだことを基本にして、資料を読み取ることが必要です。シナリオも、小説本文の登場人物に脚色を加えています。翻案した登場人物像が本文のそれと異なる点が少しあれば、シナリオに登場する人物像についてみんなで議論して考えていきましょう。

　文学模擬裁判では読みを深めるだけでなく、被告人や証人になり切って演技することが大切です。皆で議論してキャラクタリゼーション化した人物像に成り切って演技するために、この人物像の議論は大変重要になってきます。

　さて、喜助、庄兵衛、婆さん（下総タミ）、弟（幸助）はどんな人間なのでしょうか。

　例えば、原作やシナリオをもとに次のような表にまとめて分析し人物像を固めていくのもよいでしょう。

　『高瀬舟』は、「語り手が、庄兵衛と喜助の対話を語り、視点人物である庄兵衛の側から対象人物である喜助を書くという構造」（竹内、2005、p. 84）であり、自己内の対話や語りの問題に注目することが大事です。

人　物	年齢性別・職業	主なエピソード
喜助	30 ばかりの男性。西陣で空引。	・住所不定。 ・親類がいない。 ・弟殺しの罪人。 ・遊山船に乗ったような顔（庄兵衛の視点）。 ・京都は結構な土地だが苦しかったと述懐。もらった金は京都

		では右から左へ人手に渡さねばならなかった生活。
		• 200文の鳥目がありがたい、懐に持ったことがない、仕事の元手にする、島に送られることは有難いと述べる。
		• 小さいときに時疫で両親が死亡。
		• 弟と二人、町内の人たちに助けられる。
		• 近所の使い走りで飢えを凌ぐ。
		• 二人離れずに助け合う仕事をしてきた。
		• 去年の秋に西陣の職場で空引の仕事に就く。
		• 北山の掘立小屋同様のところに住む。
		• 紙屋川の橋を渡って職場へ通う。
		• 食物を弟のために買って帰る。
		• 半年間取り調べを受ける。
羽田庄兵衛	初老に手の届く年齢の男性。京都町奉行所配下の同心。高瀬舟で喜助の護送を担当。	• 妻と子供4人、老母あわせて7人家族。
		• 倹約生活。
		• 妻は商人の出身で、裕福な家。
		• 里方から子供にいろいろもらうが心苦しい。
		• 扶持米を左から右へ人手に渡して生活していて、200文相当の貯蓄はない。
		• 生活に満足していない。
		• 喜助を見て自身との違いを感じる。
		• 喜助さんと敬称で呼び、事件について尋ねる。
		• 喜助を観察して通常の罪人と異なり不思議に思っている。
		• 弟殺しなのかどうかわからなくなりお奉行様の判断に従うしかない。
婆さん	高齢の女性。	• 留守の間、弟に薬を飲ませたり喜助から依頼されて世話をしていた。
		• 喜助が剃刀を引いたときに戸を開けて入ってきた唯一の目撃者。
		• はっと言って駆け出していった(その後年寄衆が来る)。
弟	元西陣の空引。去年秋に辞める。	• 昨年秋から病気で働けない。
		• 死ぬ間際、布団の上に突っ伏して周囲は血だらけになり、早く死んで兄を楽にさせたいと思って剃刀で自殺を図ったとされる。
		• 医者を呼ぼうとする兄を止めて早く抜いてくれと依頼したとされる。

8 配　役

　キャストと傍聴人に分かれます。以下はクラスの人数が 40 人の場合の一例です。

裁判官 3 名(裁判長・右陪席・左陪席)、裁判員 6 名、検察官 4〜5 名、弁護人 4〜5 名、被告人 1 名、証人 1 名、書記官 1 名、速記官 1 名、廷吏 1 名、司法記者 2〜3 名、傍聴人約 15 名。

　まず一番に決める際は被告人です。なぜなら被告人こそ刑事裁判の主人公だからです。被告人次第で模擬裁判も変わってきます。検察官や弁護士の場合、読む分担は細切れに分けるのではなく、場面ごとに分担するほうがスムーズでわかりやすくなります。異議は誰が出しても構いませんし、異議専門の係を決めるという手もあります。

　裁判官はどの場面も重要なのですが、分担する場合、開廷宣言から証拠採否決定まで、と判決言い渡しは最低限裁判長が負って、残りを右陪席、左陪席で担当する形もとれます。しかし基本的に訴訟指揮を執るのは裁判長なので、継続して担うのが自然でしょう。

　書記官や速記官は当日アドリブで発せられたセリフを記録する役目です。廷吏は裁判の進行係です(最初の起立・礼など)。司法記者は裁判の様子を取材し後日新聞を発行します(新聞社によりカラーの違いを出すために、検察寄り、弁護寄り、中立の視点で発行する工夫ができます)。何もしない単なる傍聴人を出さないために、傍聴人は 3〜5 名ずつに分けてスモール裁判体を形成します(実際はありませんが教育効果上作ります)。そして実際の裁判体が判決を出す前にそれぞれのグループごとの判決を発表します。ローカルルールとして傍聴人からの質問を受け付ける工夫もできます。人数がより少なく時間的にゆとりがある場合はキャストを 2 グループに分けて実施することも可能です。実際に同じ教材でも判決が分かれたりします。またシャドウキャビネットならぬシャドウ裁判体(最大 9 名)を構成して本来の裁判体の判決後に、シャドウ裁判体による判決も

発表する形もできます。実践したところ判決が違ったことがありました。違えばなぜ違ったのか判決に至る判断の過程を分析することで、より学びを深めることができます。

『高瀬舟』裁判の場合、証人が２名になります。喜助の支援者チーム、庄兵衛の同心仲間チーム、婆さんの年寄り衆チームを設け、各２名程度がサポート役として入る方法もあります。衣装やシナリオを一緒に考えていきます。

9 医学的・歴史的観点

『高瀬舟』を医学的見地から読解することについては、大野中央病院の藤田省吾医師（日本外科学会専門医・医学博士）よりレクチャーを受けました。以下はその内容です。

　法医学の立場から検視をすると、次のようなことを見ます。まず患者の既往歴、家族の病歴。両親が疫病で亡くなったとあるからその疫病の種類。死亡推定時刻。これは硬直の程度から計ります。創部を細かく観察して、傷の深さ・方向・凶器の動きを見ます。また直接の死因が出血多量なのか臓器損傷なのかも調べます。どちらの手で刃物を持ったのか、凡そ90％は右利きなので右で持ったと想定します。右手でどういう向きで持ったか。首を切る場合は刃を上にして切るので、この場合は刃を上にして持ったとします。気管を切って奥に突き刺すことになるので、あごの下にある声帯は傷ついておらず、喉仏の少し下の気管が切れていて、頸動脈か静脈のどちらかが切れたと思われます。「笛を切った」とあるから、喉元の気管が切れています。ここには太い血管はありません。喉元が切れても話すことができます。かすれ声で手を押さえつつも話すことが可能です。頸静脈はかなりの太さがあります。頸動脈が切れていたら短時間に落命します。喜助が戻る間に死亡します。最後に抜き取る時に頸動脈を切った可能性もあります。

　刃物が刺さった場合、そのままにして抜かないのが救急医療の鉄則です。今回は喜助が刃物を抜いたことが致命的となりました。刃物で蓋をする状態

ですから、それを抜くと動脈は血圧が高いですから、抜いたことで噴水様に
出血して血圧が下がります。循環する血液量（60kgだと約5ℓ）の30〜40%
の血液が失われると死に至ります。本文より何か引っかかるものが出てくる
ことから、どちらかの脈管を損傷したと思われます。深さは読み取れません
が、どちらかを損傷したことはかなり深くまで刃物が入ったと考えられます。
傷を見てどういうふうに考えるかですが、傷の数から自殺か他殺か判断しま
す。自殺は傷が1つ、他殺は幾つか傷があるかめったつきかになります。

　弟の病気ですが、20代で働けなくて外出できない、でもことばを発する
ことができる状態から、末梢神経の病気例えばビタミンB1の欠乏とか精神
的疾患、例えば鬱、あるいは疫病で結核など考えられますが、いずれも証明
できません。ただ喜助が「血を吐いたのかい」と言う描写から時々血を吐い
ていたことが考えられ、これを喀血（かっけつ）といいますが、当時の不治の病である肺
結核が疑われます。

　『高瀬舟』で模擬裁判を行う意義ですが、〈安楽死〉は避けて通れません。
大学受験でも小論文としてよく出るテーマです。安楽死を定義づけると〈積
極的安楽死〉と〈消極的安楽死〉の2つに分けられます。前者は医師が致死量
の注射をする場合であり、後者は本人が延命治療を望まない場合で「尊厳
死」ともいわれます。海外では「gift」の精神があり臓器提供が行われるの
が一般的ですが、日本には臓器提供は定着しないですね。私も臓器移植に関
わる仕事をしていたときがあります。そんなむごいことしないでと言われた
り、最後の最後に（移植から）撤退したことが何回かあります。脳死の法整備
も難産の末できました。そもそも「安楽死」がテーマなのかという疑問もあ
ります。（この話は）安楽死の範疇に入れていいのか、など皆さんの議論を待
ちたいですね。

当時（江戸時代寛政期）の歴史的な背景について項目ごとに説明しておきます。

【法について】

　8代将軍吉宗の制定した「公事方御定書（上下巻）」が当時の基本法典でした。
下巻は「御定書百箇条」と呼ばれる判例集で刑罰の規定が掲載されていました。
幕府の方針は「よらしむべし、しらしむべからず」（民衆には法を知らせないで法

を信頼させるべし)でしたが、高橋(1996)によれば、既に民衆には知られていたようで、当時訴訟関係者が宿泊する「公事宿」もあり、そこでも見ることができ、裁きの基準は町人たちも知っていたであろうと思われます。「秘密法典としての性格は有名無実化していたのが実状で」、「地役人や町人、百姓まで所有するようになり、江戸後期には辻売りにも出る始末」(出口他 2018 p.281-282)だったようです。

【流刑罪について】

近江国(滋賀県)以西の罪人は大坂町奉行所に集められます。大坂より年に2、3回出船がありました。流刑地は隠岐、天草、薩摩、五島、壱岐などです。天草へは京都・大坂方面の流人が多かったといいます。江戸町奉行所からは伊豆七島へ流されました。大隈(1970)によると、流人の暮らしは伊豆七島より西国のほうが(気候的なことも含めて)ゆとりがあったようです。天草は長崎奉行管理下(幕府領)ですが、流人畑もあり、現地の人との交流もありました。隠岐

主な流刑地

も幕府領です。とりわけ隠岐は一般庶民の流刑地で、受け入れる島民たちは温かく、「知らぬ他国の流人でも可愛いい娘の婿にする」と民謡で歌われるほど情け深かったといいます。隠岐島は常に自然の猛威に晒されていたので、人間同士の協力の重要性を知っており、人情も細やかだったというのです。薩摩・五島・壱岐は大名領で、遠島費用は当該藩の負担になりました。情状により佐渡に流される場合もありました。遠島に処すべき罪としては弟、妹、甥姪、子殺しのほか、過失致死、殺人の手引、鉄砲所持や賭博などです。

【寛政時代(1789～1801年頃)について】

寛政の改革自体が天明の飢饉で疲弊した農村や都市を復興させるために実施された改革です。「14世紀から地球規模での寒冷化が始まり、19世紀半ばまで続き、そのピークは江戸時代とほぼ重なりあっている」(浜野 2011 p.102)とのことであり、近世は寒冷だったようです。天明年間の飢饉(1781～1789年)は主に東北が被害を受けました。京都では1788年(天明8年)3月7日未明に

鴨川東宮川町付近より火災が発生し、3797軒が燃え「近世京都最大の火災となった天明大火」(浜野2007 p.221)が起こっています。火事で焼け出された人たちが寒冷な気温で体調を崩していったことが想像されます。鳥目200文は現代の値段でいうと、1文＝およそ20円として、4000円から5000円程度になります。「本手」というより「当座の資金」といったほうが良いかもしれません。

【京都・西陣について】

　近世の京都の町には相互扶助の制度があり、施米(せまい)などもありました。ただ、喜助兄弟がそのような恩恵を受けたかは疑問です。浜野(2007、2011)には西陣の職人町・花車町を対象に宗門改帳(しゅうもんあらためちょう)を主な手がかりとして、経済状況と人口変動の関係について、詳しい論考があり、それらに基づいて記します。18世紀中頃から西陣は桐生などの新興生産地と

空引機の実演(西陣織会館)

の競争に敗れ、苦境に立たされます。そのため人口も減少し下請世帯が西陣から転出していく例が紹介されています(嘉永期には西陣から8世帯消滅、5世帯引越、1世帯奉公、2世帯不明となっています。弱い階層者は親類や親方を頼って移動していますが、喜助兄弟は頼るすべはなかったので、とどまるしかなかったのでしょう)。浜野によると、最上位1割は奉公人を多数抱えて空引機(写真)を備える一方、最下層は全体の約半数を占める下請で、ほとんどが西陣織に従事していたようです。また施米を受けた世帯には、病人が多いこと、女性が戸主となるケースが目立つことから、流行病により死亡率が上昇し、多くの欠損家庭が生まれ、病気で働けなくなった者が増えたといえるとのことです。喜助兄弟は最上位層に雇われ、弟は病気で働けなくなった一例なのでしょう。経済危機でも最上位層は安定し下位層は雇用の調整弁として扱われていた様相は、現在の日本社会の構造と変わりないようです。空引体験者の証言では、昔々は朝から晩まで10時間労働くらいは当たり前で、夜なべもあり、人の入れ替わりが激しかったといいます。

【暮らしについて】

喜助の家に灯りはあったのかどうかですが、ろうそくは当時高価なので、菜種油くらいでしょう。洛外で近世の掘立小屋のような家に今のような鍵があるとは考えにくく、あってもつっかえ棒くらいだと思われます。町人が持っていた剃刀の処理方法の知識は今と大差ないように思われます。外科医は存在したものの、当時の医者はほとんど漢方医です。喜助が医者を呼んだとしても脈をとって漢方薬を処方してもらうしかなかったでしょう。

10 シナリオの改編

シナリオをそのまま使っても実施できますが、できたら追記したり削除して、クラス・講座独自のシナリオに変えていって下さい。検察側にとっては「論告」、弁護側にとっては「弁論」が主張の源(「mother」と呼びます)となります。手順を説明します。

① 「幹」の部分である論告と弁論をより精緻な内容に組み直す。その際、同じ事件でも検察から見た場合と弁護から見た場合は違うはずなので、それぞれどのような事件のストーリーを描くかがポイント。支える柱(根拠)は3つで考える。

② 「枝」の部分となる尋問・質問の内容を変えていく。「幹」を変えるならば枝の部分を変えていく必要がある。尋問・質問を考える場合、そこから聞き出したことが論告や弁論にどう繋がるのか意識して作る(常に争点にどう関わるかを考える。どうしても「木を見て森を見ず」になりがち。常に「森(争点は何か)」を考えながら「木(争点にどう繋がるか)」を考え、その尋問・質問をすることで何を聞き出すかという獲得目標を明確にする。

③ 尋問・質問を作る際には主尋(質)問では時系列に5W1Hを意識してオープンに訊き出す形にする。反対尋(質)問では、「はい」か「いいえ」で答えさせるようなクローズな形にする。「one sentence, one meaning」の一問一答で短文を重ねていく。訊く際に「見出し」をつけると聞き手に優しくなる(例えば「殺害現場を見た時のことについてお尋ねします」など)。聞

く人にとって、肝心な場面が(細部まで)映画のスローモーションの如くコマ送りのように映像がイメージ出来たらそれは良い尋(質)問になる。

「桃太郎」を例にとって説明しましょう。主質問であれば「それはいつの出来事ですか」—「昔です」、「どれくらい昔ですか」—「昔昔です」、「誰がいましたか」—「おじいさんがいました」、「他に誰かいましたか」—「おばあさんがいました」、「どこのことですか」—「あるところです」、「おじいさんは何をしていましたか」—「芝刈りをしていました」、「どこでしていましたか」—「山です」、「おばあさんは何をしていましたか」—「洗濯をしていました」、「どこでですか」—「川です」、「洗濯をしているとどうなりましたか」—「桃が流れてきました」、「どんな桃ですか」—「大きな桃です」、「どんなふうに流れてきましたか」—「ドンブラコドンブラコと流れてきました」……となります。

反対尋問には「活かす尋問」と「殺す尋問」があります。どんな証人でもこちらに不利なことばかり言うとは限らず有利なこともあり、それを活かせます。殺「鬼」罪で桃太郎の弁護をして証人青鬼に訊く場合「部屋に金棒がありましたよね」、「1本だけではありませんでしたよね」、「手の届く所にありましたよね」といった流れです。「殺す尋問」とは相手の言うことは嘘だということを示す尋問です。青鬼が「入って来るやいなや刀で切りつけた」証言が嘘ということを導き出す場合、「青鬼と仲良くしてましたよね」、「愛用の金棒はトゲゲがありましたよね」、「振るって練習してましたよね」といったように訊いて、何も持たずに切り殺されたのは嘘だと弾劾します(「桃太郎」例は後藤貞人弁護士に教わったことを基に筆者が書いています)。

シナリオ改編の授業では、物理的配置と目的意識が大事です。机と椅子がある状態で、グループごとに「島」を形成させます。検察側と弁護側は離し、裁判官・裁判員グループが対角線の真ん中、双方を仲介できる中立に来るような配置にします。教員は机間巡視をしながら生徒の話し合いに耳を傾け、互いを刺激するように持っていきます。例えば弁護側で良い意見が出たら、それをわざと検察側に聞こえるように伝えたりします。裁判官グループからはこの部分はどうなっているか、双方に質問を投げかけさせたりします。設定を巡って検察側と弁護側で交渉する場面も出てきます。その場合裁判官グループが仲介役をします。鋭い意見が出たり片方に不利な意見が出たら拾い上げながら共有し

て、生徒の気持ちを高めていきます。グループごとに、この時間何をすべきなのか、授業の終わりに何を完成させるべきなのか、意識させます。また事実と評価を混合して考えてしまうことがよくありますので、注意を促しましょう。「論告」や「弁論」は最終的には明らかになった事実をどう評価するかの問題ですが、事実と評価を分けて考えます。「13尺離れてみていた」のは事実ですが、同じ事実でもそれを「遠い」とするか「近い」とするかは評価の問題になります。同じ事実でも検察と弁護ではその評価の仕方が全く異なるわけです。聴く人に「耳に優しい、聴いてわかる」ことばを選択することも大事です。書きことば・「漢語」ではなく、話しことば・「和語」で、自分の言いやすい表現にします(「〜させて頂く」といった敬語は不要です。丁寧語で十分です)。

　議論が深まるにつれて、生徒が一見繋がりのない事実と事実が繋がって新しい事実を発見したりします。何かと何かが繋がるのではとないかと考える力を「論理的想像力」と名付けています(誰が聞いてもなるほどと思うように考える力を「創造的論理力」と名付けています)が、何かと何かがつながり、新しい事実を推認する力こそ法的思考力に他なりません。

　シナリオの一部を予め削除しておいて、その部分を考えさせる方法を採ったりもします。例えば検察と弁護の3つの主張のうち3つ目の主張の箇所、それに伴う論告と弁論の箇所をカットし、その内容を生徒に考えさせるなどです。

　具体的な改編箇所についてはシナリオのポイント解説を参考にしてください。

　ある高校のクラスでは、こちらの用意したシナリオを覆すような感じで、自分たちの自前のシナリオを用意して展開しました。カーテンを閉め、法廷に寝転んだ状態で、江戸時代の光源を調査した上で簡易ランプを持込み、どの程度の明るさであったか、婆さんへの反対尋問を行ったのです。「もう少し暗かった」という証言に対しては、「もう少し明るくします」と述べて光を調節したことには驚きもしたし笑ってしまいました。庄兵衛には「長い時間は話していない」という証言を導き出し、何がわかるのかという印象を引き出していました。弁護側は①声帯の証拠がある(目の訴えから刀を抜いてしまった)、②楽にしてあげようと思って働いた、③舟で明るい顔をしていたのは単純に200文もらって嬉しかった、ゆえに同意殺人罪という弁論でした。検察側は婆さんへの主尋問で「死のうとしている現場を見て、弟はされるがままであった」という

証言を引き出していました。検察側の論告は①タミ婆さんの目撃の信用性（奉行所へ走っていったことが事件を示唆している）、②被告人の証言の信用性の無さや不自然さ（自責の念を述べなかった）、③経済的不安から動機が十分にあること、の３つの柱からなり、無期懲役を求刑しました。喜助が婆さんに対してどう思うか、再主尋問で訊かれて答えた「何となく哀しい気がします」という答えも印象に残りました。

11 演　技

　演技の重要性は「大切なこと」(p.11)でも述べた通りです。模擬裁判と小説には親和性があり、ことばの上で消化しきれないものを深められる手段として演技があります。シナリオ以上のものをどう表現するか、それを繋ぐのが演技ということです。「誰に向けてことばを発しているのか意識する」、「尋問では２方向に向けて言葉を発する」、「のどを開けた状態で発声する」、「法廷ではなく体育館をイメージして声を出す」、「声を張るのではなく声を届かせる意識で（声を届かせるためには腹式呼吸をして、横隔膜が収縮していることをしっかりイメージするのがコツ）」、「言葉と身体の一致を意識すること」など重要なポイントはどの文学模擬裁判でも変わりません。

　こうした点は現場教員の時、羽鳥三実広氏（「劇団四季」出身、現・大阪音楽大学短期大学部特別教授）から教わったことです。また羽鳥氏から教わったことで次のことばも心に刻まれています。

○ ことばが生れるまでにはさまざまな背景がある。演劇でも現実生活でもことばにリアリティを含ませなければならない。
○ 自分がわかって言っていることが相手に伝わっていると思うな。常に相手に伝わっているかを考える。上手な役者は一心不乱に演じているのではなくて考えながらやっている。

どの役にせよ、なり切ることが大切です。なり切らなければことばに「命」

が籠りません。被告人や証人と自分とはまったく違う人間だと思うかもしれません。その場合、少しでも共通点や共感できる点を探してみることです。どう考えても受け入れられない場合、もしかしたら自分が肯定したくない嫌な所を被告人や証人が持ち合わせている可能性があります。自分を見つめ直す契機になるかもしれません。被告人なら、証人なら、こう質問されたらこう回答するだろうと、頭のてっぺんから足のつま先までなり切れたらしめたものです。

　裁判官役の人は「法廷を支配する権力を持つ者は自分である」という意識と責任感を持つことです。検察官や弁護人役の人はテレビドラマからでもいいので、自分が入りやすい「型」をイメージすることです。裁判傍聴に行けばさまざまな関係者がいますから、「本物」に接することでよりイメージをつくりやすくなるでしょう。裁判傍聴は模擬裁判への取り組む意欲や問題意識に効果をもたらし学びのスイッチが入るので、長期や試験休暇にぜひ傍聴に行くことをお勧めします。開廷表(その日の裁判の予定表)の存在、マナー(最前列は関係者席なので後ろから座る、声を上げて笑って退廷させられた生徒がいた、傘は武器になるので持ち込まないなど)、見方(「新件」、「審理」、「判決」とあって「新件」が一番わかりやすい)など事前に説明しながら、終わってから素朴な疑問はもちろん、法廷にいる人を見て何を思ったのか、裁判を通じて自分の生きる世界や社会にどんな繋がりを感じたのかなど振り返りの交流や感想をすることでより深まり、自身の演じる役にも奥行きが出てきます。被告人役を演じた生徒は傍聴で実際に被告人を見て衝撃を受けたと言います。メディアで見るような黙秘したり、遺族を逆なでするような被告人をイメージしていたところ、実際の裁判で見た被告人は、やってしまったことに素直に反省の弁を述べる普通の人だったからです。それまでは自分と被告人になるような人は違うと思って、境界線を引いて演じようとしていました。しかし傍聴を通じて、被告人が自分や周囲にいる人間の延長線上の存在として、実感を持って想像できたことが大きかったようです。普段は想いを馳せていなかった「被告人」へ想いを馳せることができ、一気に理解が進んだような感覚だったといいます。

　裁判員であっても自分は国民から選ばれた人間であるという意識を持って演じる必要があります。裁判員裁判も開廷されていますから、裁判傍聴することでイメージが膨らむでしょう。意識の持ち方次第で、裁判員として質問もスム

ーズにできるはずです。演技することにこだわる理由は「表現は論理を磨く」という国語科教育の考えに基づきます。頭の中だけ、机の上だけで考え込むのでなく、実際に考えた文(文章)をことばに出すことにより、今まで思いつかなかった考えが浮かんだりします。「感想文が書けない」のではなく「感想文を書かない」から「書けない」のです。表現しないと気づかないことは多くあるということです。

　大学生が模擬裁判に取り組んだ時の「今、証言台にいる人はどんな気持ちなのか想像していますか。法廷に来ている人は緊張してことばも滑らかに出ないはずです。そのたどたどしいことばをいかに表現できるか、法廷に立っている人の思いを想像して優しく包み込むことばを発せられるかです。ただことばを発するのではなく、発する相手がどんな気持ちでそこに立っているのか考えながらことばを発しなければなりません」という舞踊研究者の助言、「人を説得する方法は２つある。大きな声で、ゆっくりと。これだけ」という石塚伸一氏(龍谷大学名誉教授・弁護士)の教えも基盤としてあります。

　個人へのアドバイスでもそれがクラス全員で共有できるように意識して、キャスト以外も見学した上で指導することで、傍聴する側の目が養われます。決して演技指導の効果はキャスト個人に留まりません。江戸時代の雰囲気を出すために鯔背（いなせ）な祭りの法被（はっぴ）を羽織ったり、社会言語学的観点から(関東の学校なのに)関西弁で挑んだり、昔のことばを使ってバリエーションを持たせたり、ポケットに手を突っ込み冒頭陳述を行うなどニヒルなキャラをつくり込んだり、多様な成果が演技指導で生み出されます。

　現時点での仮説として「なり切る」プロセスを示しておきましょう。

①　「なり切る」対象者に関する資料を読み込み、人物像を理解する。

②　その対象者と自分自身のズレ(違和感)を抽出する。

③　対象者の視点で再度資料を読み合わせながらそのズレ(違和感)を修正する。

④　そのズレが納得できない、「ひっかかり」がある場合は無理に頭の中で理解しようとしない。

⑤　「ひっかかり」があってもなくても実際に身体を動かして演じてみる（「ひっかかり」を感じた時に、自分の思考や仲間との議論の中で「きれいに予定調

「和的」に理解しない。違和感を抱きつつ想像しながら身体を使って演じて考える）。

⑥　法廷でどんな対象者を演じるか戦略（方針）を立てる。

⑦　立てた上で、さらに身体的に演じる。

⑧　なり切った状態になったと感じても、常に客観的に見ている自分を意識
　して、対象者と自分を行き来しながら演じる。

　これまでの『高瀬舟』模擬裁判で秀逸だった喜助役を紹介しておきます。国
語科教員が「国語として成功した」と感じた瞬間が授業中にありました。

　クラスの被告人役（喜助役）生徒が、シナリオ作成中に教員側に「苦悩」を訴
えました。「先生、喜助役をやってて疑問に思うのですが、シナリオの喜助は
無罪を主張しますよね。でも本文の喜助は弟殺しの罪を受け入れて島流しの刑
を受容しています。この矛盾をどう表現したらいいかわからないのです…」こ
の苦悩は生徒が本文を読み込み、本文の中の喜助と出会ったからこそ生じた悩
みでした。小説自体はフィクションでですが、フィクションから創り上げたシ
ナリオというもう１つのフィクションに出会うことによって、より読みが深
まったといえます。リハーサルでは兄弟愛を主張していたのに結局本番でこの
生徒が演じた喜助は、無罪を強く主張しない、罪を甘んじて受け入れる「喜
助」でした。苦悩を捨てて抜け殻になった喜助のその姿は、そこまでしなけれ
ば自我を守り切れない細民の生きる知恵、絶望の闇の中に生きる知恵、お上の
情に対して人間の心を捨てることで対抗する知恵を表現していました。役の擦
り合わせで悩んでいたからこそ迫真の演技ができたのです。裁判で演技を通じ
て再現することには言葉にできないものを表すという目的があるといえます。
同意殺人罪を望んでいた弁護人役の生徒は、裁判前に喜助役の生徒と話をして
喜助に諦めの気持ちがあることに気づき「正直、殺人罪になってもかまわない、
それが妥当だ」と思うようになって裁判に臨んだと言います。

　最大の見所は、最終陳述で喜助が検察側証人として座っている庄兵衛に対し
て「庄兵衛さん、どうしてあなたはそちらに座っているのですか？」と叫んだ
シーンです。本文での庄兵衛は高瀬舟で喜助を護送する際、喜助に心を寄せる
同心として描かれています。本文を読み込んだ上での心からの叫びでした。フ
ィクションであるシナリオに小説のリアルな読みが刻み込まれた瞬間でした。
このクラスの『高瀬舟』模擬裁判は、本文に留まらず、異分野の知見を取り込

みながら実践が進んだ点で、国語を越えた実践なのですが、模擬裁判本番では本文に戻りながら登場人物を演じた点で、国語から離れない実践としての性質を持っていたといえます。彼の読みとしての『高瀬舟』はテキストへと帰っていく『高瀬舟』だったのです。法哲学としての様相を纏った模擬裁判となったのでした。格差と貧困を自己責任で脅迫する現代的課題を考えると、彼の演じた喜助のセリフは深い意味を持つといえます。

12　模擬裁判本番　評議・判決・振り返り

　本番の『高瀬舟』裁判の流れの一例（100分の場合）を示しておきます。

　当日は休み時間なし

＊途中裁判官や裁判員からの質問時間あり。

進行時間	担　当	手　　　続	所要時間
場面1			
0：00	裁判官	開廷、冒頭手続（検察官による公訴事実含む）	5分
0：05	検察官	冒頭陳述（これから検察官が証明しようとする内容）	3分
0：08	弁護人	冒頭陳述（弁護人から見た事件のストーリー）	3分
場面2			
0：11	裁判官	証拠採否決定	2分
場面3			
0：13	検察官	下総タミへの主尋問	5分
0：18	弁護人	下総タミへの反対尋問	5分
0：23	検察官	羽田庄兵衛への主尋問	3分
0：26	弁護士	羽田庄兵衛への反対尋問	3分
場面4			
0：29	弁護士	喜助への主質問	7分
0：36	検察官	喜助への反対質問	7分
場面5			
0：43	双方	論告・弁論検討時間	3分

『高瀬舟』で文学模擬裁判

0：46	検察官	論告・求刑	5分
0：51	弁護人	弁論	5分
0：56	被告人	最終陳述	1分
0：57		（別室移動）	3分
1：00	裁G	評議、他グループ振り返り	20分
場面6			
1：20	裁判官	判決	5分
1：25	生徒・教員・ゲスト	担当教員・ゲストからの講評、生徒の振り返り	15分以内
1：40	担当教員	終わりのことば	

（留意事項）

☆シナリオ最終版は、役者12名にだけ配布します。傍聴席の人たちは裁判がどのような展開になるか、ぜひ注意して聞いて下さい。

《当日の動き》

• 授業時間の前に役者は着替えを済ませておくこと（法服は法廷に用意。裁判官は会場の外で着衣）。

• 当日は休み時間なし　※途中裁判官や裁判員からの質問時間あり（45分＋10分＋45分＝100分）。

• 裁判官と裁判員は到着後、会場の外で列になり待機。時間になったら入場し、そのまま開廷。

《その他》

＊裁判官は時間のコントロールも含めてお願いします（時間がおした場合、最悪、場面途中でも一部カットする場合があります）。

＊裁判官と裁判員チームが別室で判決の検討をしている間、法廷に残ったメンバーで「評議、振り返り」を行います。各自、意見を言えるように、考えながら傍聴してください。

＊当日は速やかに行動するよう協力をお願いします。

　評議は別室で裁判体（3名の裁判官・6名の裁判員）が行います。授業では裁判長が司会をすることが多いですが、必ずしも裁判長が行うルールはありませんので陪席裁判官が行ってもかまいません。9名全員の発言量が同じになるのが理想です。サイレントパートナーは不要です。サポート役として法曹か教員が1名いればベターです。原則議論は生徒たちに任せます。その場合事実は何か、ということを確認しながら議論を進めます。やりとりから資料にない新たな事実が現れた場合は、それもあわせて考える必要があります。議論する際のルー

ルは2点です。①議論は乗り降り自由(自分の意見に固執せず、良い意見だと思ったら意見を変えても差し支えない)。②議論の下の平等(議論する者同士は皆平等。人格の攻撃はご法度だが、意見を戦わせることは自由。議論が終わればノーサイド)。

　最終的には全員一致がベストですが、時間が足りない場合は多数決もやむを得ません。その場合は裁判員裁判のルールに則り多数決を行います(有罪の判断には、裁判官・裁判員の各々1名以上を含む過半数の賛成が必要。これで有罪とならない場合は無罪)。判決文はプロの文体を真似する必要はありません。まず結論を述べてその結論とするに至った理由を3つ述べます。「ルールオブスリーの原則」です。この世のありとあらゆるものはどんな複雑なものであっても3つに集約できます。ただ理由は1つや2つでは弱いのです。「鼎(かなえ)」という容器は足が3本あるから安定しています。「3」は安定を意味します。4つ以上は多過ぎです。いくらでも理由があるからといってすべて言われても頭の中に入ってきません。「3」なら入ってきます。もしホームルームで担任が「皆さんには9つ約束してほしいことがある」と言われたら聞く気になるでしょうか。でも「3つ約束してほしいことがある」といわれたら聞こうという気持ちになるでしょう。人を説得するには「3」というのが一番強くて安定するのです。プライマリー効果、エフェクトリー効果といって人は最初と最後のことが記憶に残ります。3つの理由のうち、一番重要な理由を最初に、二番目に重要な理由を最後に、重要度の最も低い理由を真ん中に据えて述べます。難しい法律用語は一切必要ありません。主人公である被告人が聞いてわかることばで判決文を作ることが大事です。

　裁判体が評議を行う間、法廷ではキャストや傍聴人で振り返りを行います。傍聴人グループはあらかじめ分けておいたグループごとに考えた判決とその理由を発表します。その場合ミニホワイトボードがあれば便利です。司法記者は裁判の記事を書く場合、どんな内容にするのか、もし見出しをつけるとしたらどんな見出しになるのか発表します。速記官、書記官はシナリオとは違う点について発表して、廷吏を含めてそれぞれの目線から見た裁判の感想を語ります。そして被告人、証人、検察官、弁護人はそれぞれなり切れたのかどうか、尋問質問での反省(こうすればよかった等)、やってみての思いを将棋の感想戦のように語ります。振り返りは「やって終わり」ではなく学びを総括するためにも必

90

要な営みです。また実際に振り返ることで、あの時はこういう気持ちだった、などさまざまな思いが吐露されて、盛り上がります。

　評議終了後、直ちに再廷し判決を言い渡します。判決を言い渡した後、有罪の場合、説諭といって裁判長が被告人に説教的な内容を述べますが、被告人を見て語りかけることが大事です（説諭には裁判長役の生徒の個性が現れるので、模擬裁判ではあえて無罪でも説諭を述べさせたりもします）。

　振り返りは話しことばだけでなく、書きことばでまとめることでより深く考えることができます。各文学作品は現代社会にも関わってくるさまざまなテーマを含んでいます。『高瀬舟』であれば「安楽死」、『羅生門』であれば「社会的孤立」、『こころ』であれば「人間存在」など、文学模擬裁判を通じて深めた学びをもとに再度原作を読み返すことで、人間や社会について新たな気づきが生まれるはずです。

　次ページの作品は探究授業として実施した後の中学２年生の『高瀬舟』裁判のレポートです。気づきを整理してまとめています（QRコードでは法廷記者役の生徒により作成された新聞も掲載しています）。２つの裁判体で判決が異なった様子も報告されています。

　『高瀬舟』模擬裁判も判決がクラスによって分かれます。評議で最初は９名全員が殺人罪を主張する中で、検討を重ねていくうちに映画『十二人の怒れる男たち』のように、逆転して同意殺人罪になったクラスがありました。逆に判決を「反省が見られない」ことで殺人罪により懲役７年としたクラスの評議は、立ち合った弁護士によると最初、同意殺人で全員一致でした。同意の絶対的な証拠はあるのか、見ていないのに裏付けなく難しい、証拠が少ないなどいろいろと違う意見を示して話し合った結果、９人中５人が殺人、４人が同意殺人となったということでした。あるクラスの振り返りの議論では、傍聴人の１人が「弟が望んだ死だから自責の念はあまりない」という意見が出されました。これは「身内を殺した場合、必ず後悔がある。笑ってられるのは不自然」という検察官の人間観とは相反する意見でした。

　また、評議の結果、殺人罪で、11年の懲役という厳しい判決を出したクラスもあります。評議ではいろいろと変遷があって、声帯の喉の傷についても議論になったということです。理由としては①憐憫の情なし、②同意殺人罪（弟

の不合理性)は成立しないということでした。担当弁護士の事後解説は「かくあるべしという評議だった。これは、弟が同意だったかどうか、死んだ弟の気持ちを考える事件である。どんな喜助を演じるかによって判決が異なる。ここで演じられた喜助は悟ってしまった喜助であった。実際に同意殺人は年に数件。同意があったという主張を認めていったら、どんな殺人も同意になってしまう。検察官も『死にたいと言われたことがなかった』という証言を引き出している。経験則から自分から覚悟して同意したとは考えられない。自ら死を望む事情はないだろう。その意味で同意の立証はハードルが高い。検察側のハードルは低い。弁護側には難しい。介護殺人でも同意殺人の立件はない」という説明がなされました。

『高瀬舟』裁判の事後レポート

コラム　遠山大輔弁護士「より良いプレゼンテーションのために」

【プロフィール】　法曹界におけるプレゼンテーションの達人であり、共著に『入門法廷戦略─戦略的法廷プレゼンテーションの理論と技術』（2009 年　現代人文社）がある。舞鶴女子高生殺人事件では無罪を勝ち取る。京アニ放火殺人事件の主任弁護人を務める。

裁判でのプレゼンテーションは、説明してわかってもらうためではなく、裁判官や裁判員を説得して弁護側に 1 票投じてもらうためにやります。プレゼンテーション（以降「プレゼン」）は聴き手への贈りもの＝プレゼントなので、徹頭徹尾聴き手のために行います。

プレゼンというと「デリバリー」＝伝える、のイメージですが、「戦略」と「シナリオ」を練ることが重要です。

戦略とは目的と目標を定めること。裁判の目的は 3 つあります。「情報伝達・説得・モティベート」です。まず、聴き手が何を知りたいか考え、伝えるべき情報だけに絞り、必要に応じて加工します。説得は究極の目標です。説得の際は「ベネフィット・ロジック・エモーション」を念頭に置きます。聴き手の利益を考え論理で支えます。ただ、人は利益と論理だけでは動きません。感情に訴えかけないと動かないのです。最後にモティベートとは、その結論が社会にとって良いものであると伝えることです。裁判員には、裁判官ではないあなたがそこにいることに意味があるとも伝えます。目標を定めることは、1 つの手続きが終わった時に何を獲得していなければならないか明確にしておくことです。勝訴するためには、各手続で一貫した活動が必要なので、目標は 1 票に向けて繋がっています。

シナリオとは説得のプロセスです。公判の各手続に当てはめると、注意喚起（被告事件に対する陳述）何かが始まると思わせ目を向けさせる→興味（冒頭陳述）「おっ！弁護人の話を聞いてみよう」と思わせる→理解（主質問・反対尋問）弁護人の主張をわかってもらう→合意（弁論）わかった上でそのとおりだと思ってもらう→行動（判決）弁護人に一票投じてもらう、となります。個別のシナリオは結論、理由、結論の 3 部構成です。「本件の結論は～です。理由は 3 つです」と理由も 3 つで組み立てます。大項目、中項目、小項目すべて 3 つです。ロードマップを示す必要もあります。終わりの見えない、どこまで進んだかわからない話は聴き手の集中力を削ぎます。それどころか敵意さえ向けられます。だから、全体のどこにいるか常に伝えます。3 つの理由 ABC を述べる場合、まず A、B、C の見出しを伝えます。そして、理由 A、B の内容を述べた後に「ここまでで A と B について話しました」と確認してから「では、C を話します」と述べ、さらに最後に「理由は ABC でした」と纏めます。これで、理由 3 つが記憶に刻み込まれます。聴き手は我儘です。聴く人は次々と忘れます。だからロードマップを効果的に使うのです。

これで、「聴き手のためにやっているな」と好感を持たれます。

デリバリーでは、言語と非言語が一致することが重要です。伏し目がちに小声で「無罪です」と言っても信頼されません。ノイズも取り除きます。言語のノイズは「えー、あのー」といった言葉です。無駄な情報が気になると聴き手の集中が途切れます。非言語のノイズは「揺れる、親指が動いている、襟が立っている」などです。これも聴き手のためになりません。話し方ですが、複文や重文を避け一文で短く話します。接続詞も要りません。本当に伝えるべき内容だけ伝えます。「それでは〜させて頂こうという風に思います」は無駄の典型。「れる、られる」も受け身か敬語かわからないので避けます。「これから冒頭陳述を始めます」も無駄です。せっかく裁判員が集中しているのに「弁護人です。今から始めます」なんて肩透かしもいい所です。アナウンサーよりゆっくり話すことが大事です。早口だと伝える気がないと思われます。メモを取れないからです。でも聞き手は我儘で、ずっとゆっくりだと集中力が途切れます。声を大きく、小さく、高く、低く、速く、遅く、変化をつけないと持ちません。検察官の主張に触れる時はわざと早口にします。聞かせる必要がないからです。自分の主張はゆっくり言います。一番言いたいことは小声で言います。ビジュアルエイドを使いますが、手もその１つです。手は意識しないと勝手に動き出すので位置を決めておきます。脇を軽く締めて胸の前で手を重ねます。必要な時だけ動かします。大事なのは、見せて話す、です。まず３本指を高くはっきり示してから「理由は３つあります」と言います。ビジュアルエイドを使う目的は４つ。「理解・興味・記憶・時間節約」です。理解のためには、図やグラフの方がいいかもしれない、時間節約のためにパネル化した方がいいかもしれない、何のためにその場面で使うのか、なぜそのツールを使うのか、答えを持つ必要があります。見せるにも正しいステップがあります。「今からある図を見てもらいます」と予告して見せます。すぐにしゃべらず見る時間を与えてから説明します。使い終われば見えない所に仕舞います。使わないツールはノイズになるからです。

法廷に臨む心構えには３大要素があります。「いい人・ゼロノイズ・フルセンス」です。「いい人」とは、弁護士は悪い人の味方だと思われていますから傲慢な振舞はだめです。「ゼロノイズ」とは言語と非言語のノイズをなくすことです。「フルセンス」とは、話していることに全て意味がある状態にすることです。判断者にどう見られるのか、頭のてっぺんから足のつま先まで神経を通します。原稿は書きません。忘れると頭が真っ白になるからです。今は大項目・中項目・小項目３つずつのツリーを作って頭を整理しています。もし忘れたら、ああ忘れているなあ、と堂々と弁護人席に戻ってペーパーを確認し、何事もなかったように再開します。ただこれを使えるのは１回だけです。ペーパーレスで語りかけないとだめです。

法廷でも被告人には常に共感「的」であるべきです。責めるのは検察官の役割です。弁護人が被告人を突き放しているように見えたら、裁判員は１票投じようと思いません。だから「被告人」ではなく「○○さん」と呼びます。

『羅生門』で
文学模擬裁判

ここでは『羅生門』で模擬裁判をやっていく方法について説明しましょう。『羅生門』は高等学校国語科の定番教材です。平成30年改訂学習指導要領により高校の国語は「現代の国語」、「言語文化」、「論理国語」、「文学国語」、「国語表現」、「古典探究」に改編されました。主に「言語文化」の教科書に掲載されています。高校になって初めて取り組む近代小説といって良いでしょう。

1 『羅生門』について

　『羅生門』は芥川龍之介が「帝国文学」に 1915 年（大正 4 年）に発表した作品で、『今昔物語集』巻 29 第 18 話「羅城門の上層に登りて死人を見たる盗人の語」をモチーフにしています。平安末期、秋から冬にかけてのある日の暮れ方、羅生門（実際に存在したのは「羅城門」）の石段の上で、永年奉公した主人に暇を出された下人が、行く当てもない状態で雨やみを待っています。生きていくのに盗人にならざるを得ないことはわかっているのですが、決心がつきません。羅生門の楼の上で死人の髪の毛を抜いている老婆と出会うことにより、老婆の悪の論理を聞いて盗人になる決意をし、老婆の檜皮色の着物を奪って京の街の闇へ消えていくという話です。「下人の行方は、誰も知らない。」という一文で結ばれます。

2 『羅生門』の舞台について

　舞台は京都で平安時代末期の建物です。京都以外の高校生が想像するためには工夫が必要です。イメージを持ってもらうために写真を見せます。

　羅城門は延暦 13 年（794 年）に平安京のメインストリートである朱雀大路南端に建てられた都の表玄関にあたる正門で、この門を境に都の内と外を分けていました。平安京の威信を物語るシンボルでした。弘仁 7 年（816 年）暴風により倒壊し、その後再建されましたが、天元 3 年（980 年）再度倒壊し、以降は再建されませんでした。治安 3 年（1023 年）には藤原道長が寺院造営のために門の礎石を持ち帰ったことが藤原実資の『小右記』（6 月 11 日）の記述に見えます。

　写真①の「羅城門」は JR 京都駅の正面玄関を出て右に行くとあります。左斜め後ろには現在のランドマーク・京都タワーが見えます。1994 年平安建都 1200 年記念事業として京都の職人たちの技術を結集して製作された縮尺 10 分の 1 の復元モデルで、2016 年 11 月より設置されています。『羅生門』の石段は七段ですが、復元模型は五段になっています（写真②、敢えて「七段」とし

『羅生門』で文学模擬裁判

①：京都駅前広場に設置されている羅城門の復元模型です。
②：復元された石段は五段になっています。

ている設定には芥川の意図があるようです)。

　京都の高校生の場合、近ければ南禅寺三門(写真③)に連れていきます。イメージが近いのはこの建物です。石川五右衛門が歌舞伎で「絶景かな」と叫ぶ舞台で有名です。石段は三段しかありませんが楼に上がる階段や老婆が死体から髪を抜いていた二階の楼の部分もイメージできます。

　羅城門は朱塗りなので、色のイメージが近いのは平安神宮にある「応天門」(写真④)です。伴大納言失脚の事件「応天門の変」の舞台ですが、平安遷都1100年を記念して再建されました。ここの石段は六段です。小説の内容からいえば昼間見ると鴟尾の周りに烏が飛んでいたことになります。

③：南禅寺の三門
京都の東山に位置する南禅寺は永仁3(1295)年に建立されました。石段は三段です。

97

④：平安神宮の応天門
　平安神宮の社殿は、桓武天皇が開いた当時の平安京の正庁や朝堂院が約8分の5の規模で再現されています。この応天門(神門)は創建時に造営されました。

　授業では羅城門の場所も説明します。羅城門があった場所は、現在の京都駅の南西にあたります。京都市バスには「羅城門」というバス停があります。そのバス停を降りて西側に行くと「矢取地蔵尊」という幟の立った地蔵堂があり、右横の路地を入っていったところが「羅城門」です。

　「羅城門」は跡形もなく、下人や老婆はいません。そこは児童公園になっていて「羅城門遺趾」の碑(写真⑤)があるだけです。下人が七段ある石段の上に腰かけていたとして、洛外のほうを見ると交通量の多い国道171号線が見えます。下人がぼんやりと雨の中、見つめていたであろう洛中の朱雀大路のあった方には保育園が見えます。当時の風景としての残滓は、公園の北側から見える東寺の五重塔だけでしょう。

⑤：羅城門遺趾
　唐橋羅城門公園の中に建てられた石碑。
　京都市南区の羅城門町に所在します。

3 争点と法律の説明

　授業のねらいとしては主に3つあります。1つ目は『羅生門』という文学教材を、改めて「法」という視座を入れて読み解き、読みを深めることです。2つ目は「法」というものさしを使って、想像力を働かせて、推論しながら表現することです。3つ目は国語にとどまらず、視野を広げて当時の歴史や文化も加味し、教科横断的に総合的に判断しながら、「人間・社会」への考えを深めることです。

　教材の争点は強盗罪が成立するか、緊急避難が成立して無罪になるかどうかです。ある裁判官をされていた方から『羅生門』で「緊急避難」成立を争点としたことに対して、「緊急避難をわかっていない、ちゃんと法律家から話を聴いたのか」と批判されたことがあります。法律のプロからすれば緊急避難など成立するはずがないという見解でした。一方ある弁護士の方から「もしこのような下人を弁護するとしたら、緊急避難で無罪を主張することは十分あり得る戦略だ」と言われたことがあります。少しでも罪を軽くすることを狙うということでした。

　文学模擬裁判の目的は「法的な考え方」の獲得ではなく「法的な考え方」を使って「人間・社会」を考えるところにあります。『羅生門』の世界は死と背中合わせの無政府主義状態の日常です。セーフティネットなど存在しません。悪事を働かないと生きてゆけない世界です。誰かを傷つけることで自分が生きていける時代です。もし『羅生門』の世界が現代で起こったらどうなるのでしょうか。3つ目の目的である「当時の歴史や文化も加味し、…『人間・社会』への考えを深める」としている点です。現在が『羅生門』のような極限の世界であれば、あなたが下人ならどうしますか、何が見えてくるでしょうか、ということを問いたいのです。法律的に読めば、緊急避難など成立しないのでしょう。けれどもそれでは法律論で事が済み正解が出て、文学で模擬裁判をする意味が無くなります。この本自体の意味もなくなります。目的は人間観や社会観を深めることであって、法律的な正解を出すことではありません。そのねらいに敢えて「緊急避難」という設定をしています。単なる法律論とは次元が違う

ということです。人がまともに人でなくなる様相、良心を捨てざる得ない中で、あなたは下人をどう裁きますか、という問いかけです。今の時代と同じ規準で裁くのでしょうか。世の中と悪事とバランスをどう取って考えますか、『羅生門』の世界や時代を考えたらどうなりますか、法をどう行使しますか、ということです。これは法律だけでなく、文学においても新しい試みです。

　さて、緊急避難が成立しなくても、下人の行為が「過剰避難」(緊急避難として認められる限度を超えた行為)であると判断された場合は、強盗罪は成立してもその罪は軽減されたり、あるいは免除されることがあります。強盗罪が成立するとしても、5年でよいのか、実刑なのか、執行猶予をつけるべきなのか、考える必要があります。議論を通じて用意されたシナリオを改編し、模擬裁判を行い、裁判官や裁判員は判決を下すことになるのです。

　刑法(明治40年法律第45号)における関連条文は次のとおりです。

第236条　【強盗】

　暴行又は脅迫を用いて他人の財物を強取した者は、強盗の罪とし、5年以上の有期懲役に処する。

第37条　【緊急避難】

　自己又は他人の生命、身体、自由又は財産に対する現在の危難を避けるため、やむを得ずにした行為は、これによって生じた害が避けようとした害の程度を超えなかった場合に限り、罰しない。ただし、その程度を超えた行為は、情状により、その刑を減軽し、又は免除することができる。

「緊急避難成立の4条件」は次のようになります。

①　人の生命・身体・自由または財産の侵害の危険が切迫していること。
②　避難行為があること。
③　やむを得ずにした行為であったこと、つまり危難回避の方法が他に存在しないこと。
④　生じた害が避けようとした害の程度を超えなかったこと。

『羅生門』の話の内容に即して説明すると

1 老婆から着物を奪わないと、家人は命を落とす危険が迫っていた（正当防衛の場合は不法な行為に対する防御だが、緊急避難の場合は、現在の危難があるかが問題となる）。

2 避難行為、ここでは老婆から着物を奪うという行為があった。

3 老婆から着物を奪った行為はやむを得ずにした行為であった。そしてその行為が危難を避けるためにやむを得なかった。

4 着物を奪われた結果風邪をひいた（シナリオではそのような設定にしています）老婆が受けた害は、下人が避けようとした被害、即ち彼が死に至る害の程度を超えなかった。

以上の4点の事実が揃うと緊急避難が成立して、下人は無罪となります。

争点を整理すると「下人の強盗罪が成立すると判断した場合」は、有罪になります。有罪の場合には5年以上20年以下（刑法12条1項）の範囲で有期の懲役刑を言い渡します。5年以上であれば執行猶予にはなりません。したがって強盗罪の場合には刑務所に行かねばなりません（実刑）。「緊急避難が成立すると判断した場合」は、下人は無罪となります。緊急避難が成立しない場合でも、老婆の着物を剥ぎ取ったのは「やり過ぎ」だが、状況を考えた場合致し方ないとも考えられると判断されれば、有罪だが「過剰避難」として刑を減軽（5年より軽く）することもできます。またそれもやむを得なかったと判断されると、有罪だが刑罰は科されない「刑の免除」にもできます（前科はつく）。極めて稀ですが、判決確定後、行政上の措置として「恩赦」により、刑の執行を短くしたり（減刑）、刑の執行を取り止めたり（特赦）される可能性がないわけではありません。

したがって、下記の4通りの判断が可能です。

① 緊急避難が成立して無罪

② （1） 強盗罪は成立するが、過剰避難が適用されて刑は免除

（2） 強盗罪は成立するが、過剰避難が適用されて3年以下の懲役に減軽して執行猶予（1月以上3年以下の懲役刑に1年以上5年以下の執行猶予＊刑法25条参照）

（3） 強盗罪が成立して実刑（5年以上20年以下の懲役刑）

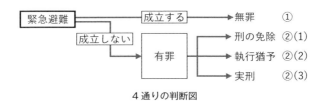

4通りの判断図

＊2022年6月、刑法等の一部を改正する法律が成立し、改正前の懲役刑・禁錮刑が「拘禁刑」に一本化されました。処せられた者には、改善更生を図るため必要な作業を行わせ、または必要な指導を行うことができるとされています。施行日は2025年(令和7年)6月1日からになります。

4 翻　案

　『羅生門』は本文そのままでは文学模擬裁判はできません。したがって、本文を活かしながら最低限の変更を加えます。例えば下人、老婆、雇用主に名前を付けます。「鳴尾次郎」、「甲子兼」、「阪神庵」、「西宮国綱」は西宮市内の高校で実施した際に付近の地名から命名しました。京都の五条の橋の下で鍛冶職人に拾われたこと、貴族の下人であったこと、老婆が着物を奪われて風邪を引き髪を売った金が薬代で消えたこと、下人が着物を奪って宇治の別荘地に向かったことなどは創作です。芥川の草稿には下人に「交野平六」と名づけられており、それを使って行ったこともあります(「交野」は大阪にある筆者の在所でもあります)。

　事件発生は治承4年(1180年)としました。本文に「旧記によると」という表現があり、この「旧記」は『方丈記』と考えられており、1177年の大火、1180年の辻風、1181年の大飢饉、1185年の大地震の話が載っています。約8年間の出来事を芥川は「この二、三年……災いが続いて起こった」としているので、全ての災害を経た文治元年(1185年)とする考えもあるかもしれません。

　栃木県で、ある国語科教員が実践された『羅生門』の模擬裁判では、本文には登場しない証人として、老婆から髪の毛を抜かれた女の霊を設定しています。その理由について「作品世界に興味を持たせる〈梯子〉の役割を持たせるため」であるとしています。「普段からルールとして『物語本文の記述を根拠にした

『羅生門』で文学模擬裁判

議論』を徹底しているので、各グループ内で逸脱した意見が出ても、グループ内でルールと照合し妥当性を認められたものがそのグループの統一見解となる。そういった設定をしても、突拍子のない意見が出る可能性は低く、仮にそれが出てしまっても、裁判（意見発表）の場で他のグループなどがルールに合っていない点を指摘することになり、したがって、結果として読みが深まる」ということでした。オンラインで北海道3校で実施した時は「目撃者」をつくりました。死体に紛れていて老婆と同じような状況に追い込まれていた女性という設定です。北海道の教員の皆さんとの打ち合わせで、小説外の登場人物を出すことで読みが深まるという仮説を立てたのです。

　なお、強盗罪は裁判員裁判の対象事件ではありませんが、今回は教育的意図から対象として扱います。

5　事件発生から起訴まで

事件発生から起訴までのあらすじは次のようになります。

　治承4年神無月29日酉刻頃、山城国羅生門の楼の上において、ある若者が聖柄の太刀を老婆に突き付けて、衣服を奪って逃走するという事件が発生した。検非違使は緊急手配して若者を逮捕した。若者は20歳くらいであり、天涯孤独で、身寄りもなく、下人として15年間ほど雇われてきたが、京都の衰微の余波を受けて、解雇されたのである。一方、被害者の老婆は死体から髪の毛を奪うという行為をしていた。老婆は若者からなぜ髪の毛を抜いているのか聞かれ、彼女なりの悪の論理を話したようであった。盗みをすることに迷っていた若者はその論理に触発されて、老婆から着物を奪ったとのことであった。

　こうして、この事件は、検非違使による捜査が開始され、検察官から京都地方裁判所に起訴状が提出され、公訴が提起された。検察官は強盗罪を主張し、弁護人は着物を奪った行為に対して、急迫な危難を避けるためにやむを得ず他人の権利を侵害する行為であり、刑事上の「緊急避難」にあたるとして無罪を主張した。

103

本件の裁判で使用する起訴状と統合捜査報告書は以下の通りとなります。

令和6年検 第196278号

起 訴 状

令和6年11月30日

京都地方裁判所　　　　　殿

京都地方検察庁
検察官検事
古川　武庫

下記被告事件につき公訴を提起する。

記

本　籍　不明
住　居　不定
職　業　無職(元下人)

勾留中　　　　　鳴尾　次郎(推定20歳)
生年月日不詳

公訴事実

被告人は、治承4年神無月29日酉刻頃、山城国羅生門の楼の上において老婆・甲子　兼に対して、持っていた聖柄の太刀を、同人の顔1寸手前の位置にその白い鋼を近づけ脅迫し、その反抗を抑圧した上、同人から同人の着用していた檜皮色の着物(時価45文相当)を強取したものである。

罪名及び罰条

強盗。刑法第236条。

104

『羅生門』で文学模擬裁判

甲第 1 号証

統合捜査報告書

令和 6 年 11 月 28 日

京都地方検察庁
    公判部長   菟道　稚郎子　殿

                                京都地方検察庁
                                    検察官検事　深草　少将

被告人鳴尾次郎にかかる強盗事件につき、

- 事件が発生した日時、場所
- 事件現場の状況
- 被害品(事件当時被害者が着ていた着物)の形状
- 犯行に用いられた太刀の形状
- 事件当時の天気
- 被告人と被害者の年齢、身長及び体重

を捜査した結果は下記のとおりですので、報告します。

1　事件が発生した日時、場所
　本件は治承 4 年神無月 29 日酉刻頃、山城国羅生門の楼の上において発生した。

2　事件現場の寸法と事件当時の状況
　本件現場の羅生門の寸法は、高さ 70 尺(約 21 m)、幅 10 丈 6 尺(約 32 m)、奥行き 2 丈 6 尺(約 8 m)である。(別紙 1)
　本件現場の羅生門の位置は、別紙 1 の地図のとおりである。

本件現場では、無数の死骸が無造作に棄ててあり、死骸の腐乱臭が漂っていた。

3　事件当時被害者が着ていた着物
時価45文相当の檜皮色の着物である。（別紙2）

4　太刀の形状
被告人が所持していた太刀の形状は、全体の長さ2尺6寸8分（約80cm）、刃体の長さ2尺（約60cm）、柄の部分6寸7分（約20cm）、幅1寸1分7厘（約3.5cm）、先端8分4厘（約2.5cm）、厚さ3分4厘（約1cm）である。（別紙3）

5　事件発生時の天気
事件発生時の現場の天気は雨天で、降雨量はどしゃ降りとまではいかないが、ザーザーと降り、地面からのはねかえりで足元がぬれるほどであった。

6　被告人と被害者の年齢
（1）　被告人
　　　　　年齢：20歳（推定）
　　　　　身長：5尺2寸（約156cm）
　　　　　体重：75斤（約45kg）
（2）　被害者
　　　　　年齢：55歳（推定）
　　　　　身長：4尺7寸（約141cm）
　　　　　体重：58斤（約35kg）

以上

＊平安京造営尺が1尺＝29.84cm（諸説あり）とされているので、1尺＝約30cmとして算出している。

106

『羅生門』で文学模擬裁判

別紙1　事件現場の図と洛中における位置

（自社撮影）

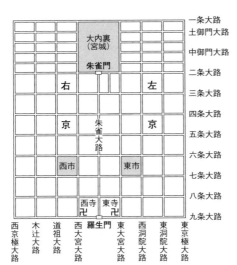

別紙2　被害者が着ていた着物
　　　　（「病草子」より）

別紙3
　被告人が所持
　していた聖柄
　の太刀（○印）
　（「粉河寺縁起
　絵巻」より）

6 シナリオ・公判の流れ

＊シナリオに出てくる公判
手続や「1. 開廷宣言」
などの見出しを述べる必
要はありません。

公判手続
　⋮…❶

[場面 1]…❷

1. 開廷宣言

裁判官　それでは、被告人鳴尾次郎に対する強盗被告事件の審理のために開
　　　　廷します。…❸

2. 冒頭手続

[人定質問]…❹

裁判官　被告人、証言台のところへ立って下さい。名前は？

被告人　鳴尾次郎です。

裁判官　生年月日は。

被告人　わかりません。にきびがあるけど 20 歳くらいかも。…❺

裁判官　職業は。

被告人　職業というか身分は下人でした。

裁判官　住所は。

被告人　わからないというか、ありません。

裁判官　本籍は。

被告人　京都の五条の橋の下で拾われたのでわかりません。

裁判官　では、検察官に起訴状を朗読してもらいますので、そこで聞いてい
　　　　て下さい。

[起訴状朗読]…❻❼

裁判官　検察官、どうぞ。

検察官　公訴事実(❽→p. 111)、被告人は、治承 4 年神無月 29 日酉刻頃、
　　　　山城国羅生門の楼の上において老婆・甲子 兼に対して、持ってい
　　　　た聖柄の太刀を、同人の顔 1 寸手前の位置にその白い鋼を近付け
　　　　脅迫し、その反抗を抑圧した上、同人から同人の着用していた檜皮
　　　　色の着物(時価 45 文相当)を強取したものである。罪名および罰条、
　　　　強盗罪。刑法第 236 条…❾(→p. 111)。

108

『羅生門』で文学模擬裁判

●ポイント解説　　（用語や注釈、演技のポイントを確認しましょう）

（★がついた解説はシナリオ改編のヒントとなるものです）

❶　「公判手続」は起訴された刑事事件のために法廷を開いて審理することです。冒頭手
続・証拠調べ手続・弁論手続・判決の 4 段階で進行します。

❷　ここからは、各人が役になって演じていきます。演じる際は何を伝えたいのか、伝える
ためにはどうすればよいのか、常に考えながらことばを発することが大事です。プレ
ゼンテーションとは聞き手へのプレゼントです。頭のてっぺんから足の爪先まで徹頭
徹尾相手のために伝える意識を持ってことばを発しなければなりません。

❸　「審理」とは事実関係や法的関係を明らかにする取調べのことです。裁判長の第一声
は大事です。教室ではなく「体育館」だと思って体育館の後ろの席まで声を届かせる
イメージで発声します。発声の際、ついつい原稿のある手元を見がちですが、できる
だけ下を向かずに、地面に水平に声を飛ばします。声が下向きだと相手に届きません。
できるだけ台本は目の高さ近くにもって来るようにしましょう。机に置いて読んでは
いけません。
　裁判長には、裁判員への説示、訴訟指揮、法廷の秩序維持などの責任と権限が与えら
れています。裁判長役になった人は、自身の「コート」という意識で威厳を持ってふ
るまいましょう。右陪席は、裁判長より若い判事、左陪席はキャリア 5 年以下の判
事補が当たるようです。陪席には前述の権限はありません。

❹　人定質問は人違い（別人が裁判を受けること）を避けるために行います。過去に人違い
だった例が起こっています。

❺★　わざとぶっきら棒なしゃべり方をする被告人として設定しています。丁寧に話す被
告人に変えてもかまいません。

❻　起訴状には被告人の氏名、何をしたのか、何の犯罪にあたるのか、罪名などが記載さ
れています。記載された公訴事実のみが審理の対象となります。
❼　起訴状朗読の際、間を空けずにスッと立って読み始めることがポイントです。スムー
ズに流れを切らずに読むことです。読み間違ってもそのまま気にせずに読むことです。
裁判は止まってはいけません。一番強調したいことは何か考えて読みましょう。声の
強弱・高低・緩急・抑揚・間のとり方など方法は様々です。

羅生門

109

［黙秘権の告知］…❿

裁判官　これから、今、朗読された事実について審理を行いますが、審理を始めるにあたって、被告人に注意しておきます。被告人には黙秘権があります。黙秘権とは、言いたくないことを言わなくていい権利です。したがって、被告人は答えたくない質問に対しては、答えないこともできますし、また、始めから終わりまで黙っていることもできます。質問に答えた場合、被告人がこの法廷で述べたことは、被告人に有利不利を問わず、証拠として用いられることがありますから、よく考えて答えるようにして下さい。

［被告人の陳述および弁護人の意見陳述］…⓫

裁判官　今、読まれた事実について、何か述べることがありますか。

被告人　太刀を用いて老婆から着物を奪ったけど、いつ誰かに襲われて死んでもおかしくない時代なので、護身用に持っていました。不気味な羅生門に老婆がいて、化け物がいるかもと思い只者やないという怖さで太刀を抜いたんです。その時飢え死に寸前でした。話してる内に金目の物を奪って金に換えれば食物が得られると思い剝ぎ取りました。命を守るためにやりました。

裁判官　弁護人のご意見はいかがですか。

弁護人　被告人が言うように、奪ったけれどやむにやまれぬ事情から犯した行為であり、緊急避難が成立し、被告人は無罪です。…⓬

［場面2］

3．証拠調べ手続…⓭

［検察官冒頭陳述］…⓮

裁判官　証拠調べに入ります。今から、検察官に冒頭陳述をしてもらいますので、横に座って聴いていて下さい。

（被告人が座ったのを確認して）検察官、どうぞ。

『羅生門』で文学模擬裁判

●ポイント解説 （用語や注釈、演技のポイントを確認しましょう）

（★がついた解説はシナリオ改編のヒントとなるものです）

❽ 公訴事実は審理の対象であり、被告人の防御の対象を明確にする役割があります。書かれていない犯罪事実は審理の対象外です。

❾ 第236条 暴行又は脅迫を用いて他人の財物を強取した者は、強盗の罪とし、5年以上の有期懲役に処する。

❿ 被告人の生い立ちによっては「黙秘権」と言われてもピンと来ない場合もあるでしょう。最後まで国家に対して防衛権を尽くすという被告人の権利行使を保障するための権利です（p.17-18参照）。形式的にならず、相手の境遇を思い測りながら、具体的に内容を説明しましょう。

⓫ 意見陳述とは、起訴状朗読後、被告人・弁護人が公訴事実を認めるか、否認するか意見を述べることです。罪状認否ともいいます。弁護人は専門家ではない被告人に代わって、整理して内容を述べます。

⓬ 最後の一文は弁護人として一番言いたいことです。このセリフは紙を持たずに裁判官のほうを向いて述べて下さい。紙を持って言うのとペーパーレスで相手の目を見て言うのとでは伝わり方が違います。

⓭ 裁判官や裁判員が人的証拠、物的証拠を調べながら、有罪や無罪、量刑判断をするために必要な事実を知っていく手続。

⓮ 検察官の冒頭陳述はこういうルートをたどって証明していくという「海路図」（ストーリー・事件のあらすじではなく見立て）を述べることです。審理の対象を明確にし、立証方針の骨組みを示し、被告人に防御の範囲を知らせます。
論告・弁論は「説得」ですが、冒頭陳述は「証明」です。説明（わかるように述べる）と説得（納得させる）の違いを意識して述べましょう。その際、誰に向けて言いたいのかも意識することです。また言いたい人物の方向に体を向けることもあわせて必要です。法廷の中を動きながら、段落ごとに位置を変えて表現する方法もあります。

111

検察官 検察官が証拠により証明しようとする事実は、次の通りであります。
❶⑮
第1　身上経歴等
　被告人は京都の五条の橋の下で捨てられていたところを阪神庵（はんしんあん）兼元（かねもと）という鍛冶（かじ）職人に拾われました。そして5年後に関わりのあった貴族である西宮国綱（にしのみやくにつな）にもらわれ下人として雇われました。
　被告人に前科(❶⑯)はありません。
第2　犯行に至る経緯、犯行状況等
　被告人は治承4年神無月29日酉刻頃、山城国羅生門の楼の上において老婆・甲子（きね）兼（かね）に対して、持っていた聖柄の太刀を、同人の顔1寸手前の位置にその白い鋼を近付け、心理的に抵抗できない状態にして反抗を抑圧し、当時同人の着用していた檜皮色の着物を奪いとったものです。
第3　その他情状(❶⑰)等。

[証拠申請]
検察官 以上の事実を立証するため、証拠等関係カード記載の各証拠の取調べを請求します。
　　　　　　　　　　　　　　　　　　　　　　羅生門資料
裁判官 弁護人、冒頭陳述をどうぞ。

[弁護人冒頭陳述]…❶⑱
弁護人 鳴尾次郎君は無罪です。次郎君は盗みを働くしか他に方法がない状況の中で、自分の命をつなぐ必要から、やむなく老婆・甲子兼さんから着物を奪いました。これは急迫の危難を避けるためにやむを得ず他人の権利を侵害する行為で、本来ならば法的責任を問われるところ、それが免除される刑法37条第1項の刑事上の「緊急避難」にあたり、成立の4条件も満たしております。また次郎君は20歳くらいでまだ十分な大人ではなく、確固たる判断力の伴わない、心が揺れ動く青年です。そのことも考慮されるべきです。よって鳴尾次郎君は無罪です。

資料サイトへ

『羅生門』で文学模擬裁判

●ポイント解説　（用語や注釈、演技のポイントを確認しましょう）

（★がついた解説はシナリオ改編のヒントとなるものです）

⑮　冒頭陳述が始まります。ここでの検察官の役割は「切り込み隊長」です。検察側に流れを引き寄せるためにも検察官から見た事実をよどみなく述べることが重要です。

裁判官席に近づいて行う検察官冒頭陳述
（「第３回高校生模擬裁判選手権関西大会」
DVD映像より）

⑯　確定した有罪判決の経歴のこと。

⑰　刑の重さや起訴するかどうかを判断するときに考慮される事情のことです。犯行の動機、方法、被害の重さ、被告人の生い立ち、年齢、性格、前科の有無、生活態度などが含まれます。

⑱　弁護人の冒頭陳述は、こういうルートをたどって検察官の立証が不十分であるとする「海路図」（ストーリー・事件のあらすじではなく見立て）を述べることです。
弁護人にとって大事なことは何か、一番主張したいことは何か考えながら述べましょう。大事な一文はそらで、裁判官・裁判員の目を見て述べることです。冒頭陳述の段落ごとに法廷内を移動して表現したり、最後に被告人のそばに立って肩に触れながら「無罪です」と言う方法もあります。動きをつけることで聴く人の印象は変わってきます。

プレゼン資料を掲げて行う弁護側冒頭陳述

113

［証拠採否決定］…⓳

裁判官　ただ今の冒頭陳述から本件の争点は、被告人の強盗罪が成立するか、刑法第37条の緊急避難が成立して違法性が阻却され(しりぞけられ)、無罪となるのか、ということです。弁護人、ご意見はいかがですか。

弁護人　甲第2号証の被害者甲子兼の検察官に対する供述調書(㉑)及び乙第1号証及び第2号証の被告人の供述調書については、不同意です。それ以外の証拠については同意します。
…⓴

裁判官　それでは、弁護人が同意した証拠については、採用して取調べます。この裁判では書証の取調べ手続(㉒)は省略します。検察官、弁護人が同意しなかった証拠については、どうしますか。

検察官　代わりに証人として被害者の甲子兼さんの証人尋問を請求します。

裁判官　弁護人、ご意見は。

弁護人　こちらも甲子兼さんに訊きたいことがあります。

裁判官　わかりました。それでは、甲子兼さんに対する証人尋問を採用します。手続では、これから甲子兼さんに対する証人尋問を実施し、その後に被告人質問を行います。…㉓

［場面3］

［証人尋問］…㉔

裁判官　これから、証人甲子兼さんに対する証人尋問を行います。兼さん、証言台の所に来て下さい。これからあなたを証人としてお話を訊くことになりますが、その前に嘘を言わないという宣誓をして頂きます。

証　人　(宣誓書を読む)…㉕(→p. 117)

裁判官　今、宣誓して頂いた通り、正直に証言して下さい。嘘の証言をすると偽証罪で処罰されることがありますので、注意して下さい。それでは、検察官、主尋問を始めて下さい。

『羅生門』で文学模擬裁判

●ポイント解説　　（用語や注釈、演技のポイントを確認しましょう）

（★がついた解説はシナリオ改編のヒントとなるものです）

⑲　弁護人の意見が出た後、裁判所が決定します。

⑳　弁護人の証拠意見です。証拠物・証人尋問に対しては、「異議あり」、「異議なし」、「然るべく」、証拠書証に対しては「同意」、「不同意」と答えます。「異議なし」「同意」だと、原則証拠として採用されます。
　弁護人の証拠意見がなぜ必要かというと、これらの証拠や供述調書は、捜査機関が収集し取り調べを経て作成されていますが、弁護人はその手続に関与できません。とりわけ供述調書には取り調べで誘導されたり各過程で誤りや捏造などが介在する恐れがあります。証人・被告人の署名・捺印があっても、供述調書は捜査機関による作文であり、誤りの可能性のある証拠が裁判官の目に入ると、誤判の恐れもあります。これを阻止する必要があるのです。

㉑　供述調書とは、裁判官や警察官、検察官の取調べに対し被告人や証人が述べた内容を記録した文書を指します。「供述」と「証言」は異なり、証人が法廷で述べた場合のみが「証言」で、被告人の場合は「証人」にはなれないため、捜査段階、公判廷を問わず「供述」となります。

㉒　事件に使われた証拠物は裁判官に見えるように提示し、証拠書証は原則朗読ですが、刑事手続の円滑のため、要約した内容を述べます（要旨の告知）。なお、書類を証人や被告人に示す場合は、本人の目の前に置くか近くまで行きます。検察官が示す場合は、弁護人は見える所の近くまで、逆に弁護人が示す場合は、検察官は見えるところの近くまで行きます。まちがいがないか確認するためです。

㉓　証人が被告人の答えを聞いて証言を合わせて変えてしまう可能性があるので、証人から尋問します。尋問・質問は一問一答形式です。尋問・質問の目的は主張したい証拠をとることです。最終的には論告・弁論に引き渡す情報になります。事実だけを訊き出します。意見を交わすことではありません。尋問者・質問者は証人・被告人の味方ということを意識しましょう。答えが一つに定まる答えやすい尋問・質問をしましょう。

㉔　刑事裁判においては尋問と質問は異なります。「尋問」は証人に対して行います。必ず答えなければならず、黙秘権はありません。証人にも秘密にしなければならないこと、例えば、自分が話すことで刑事責任を問われる場合、自社の業務上のノウハウを

115

[主尋問：甲子兼]…❷❻(→p. 63 ❹❾、→p. 127 ❸❼)

検察官　あなたはどこで被告人と出会いましたか。…❷❼

証　人　羅生門の楼の上で出会うた。…❷❽(→p. 119)

検察官　そこで何をしていましたか。

証　人　死体から髪を抜いてたんじゃ。

検察官　なぜそのようなことをしていたのですか。

証　人　髪を抜いてな、髪を抜いてな、鬘(かつら)❷❾★(→p. 119)にしようと思うた
　　　　のじゃ。

検察官　なぜ髪を抜いていたのですか。

証　人　そうせねば飢え死にをするのじゃて、しかたなくすることじゃわい
　　　　の。わしも必死じゃ。

検察官　その必死のことをしていたときに、被告人が現れたのですね。

証　人　そうじゃ。いきなりはしごから楼の上に飛び上がってきたようで刀
　　　　に手をかけて歩いて来よった。

検察官　それからあなたはどうしましたか。

証　人　びっくりして飛び上がって、死体が沢山あるところをつまずきそう
　　　　になりながら慌てて逃げたわ。

検察官　逃げようとしたあなたに対して被告人はどのような行動をとりまし
　　　　たか。

証　人　行く手を塞(ふさ)いで「おのれ、どこへ行く」と言って、ののしりよった
　　　　ワ。

検察官　「おのれ、どこへ行く」という声はどのような調子でしたか。あな
　　　　たの声で当時の状況を再現してみて下さい。

証　人　(強いしわがれた口調で)「おのれ、どこへ行く！」、もう殺されるかと
　　　　思うほどびっくりしたわ。

検察官　なるほど。行く手を塞がれた後のことについて詳しく話していただ
　　　　けませんか。

証　人　もう恐ろしいから逃げようと必死じゃった。奴を突きのけて行こう
　　　　としたんじゃが、押し戻されたわ。何も言わずにつかみ合うたけど、
　　　　わしはもう歳じゃ。負けるに決まっとる。腕をつかまれて無理やり

116

●ポイント解説　（用語や注釈、演技のポイントを確認しましょう）

（★がついた解説はシナリオ改編のヒントとなるものです）

細かく言わねばならないなどの場合がありますが、その場合は法律で定められた拒否権を行使することになります。
「質問」は被告人に行いますので黙秘権があります。尋問同様答えなければならないとすると、被告人が自己を守るために有利な権利を主張する防衛権を保障できないからです。したがって被告人には宣誓がありません。黙秘権と宣誓は矛盾するのです。
ただ行使することで裁判官・裁判員の心証がどうなるか考える必要はあります。

㉕　「宣誓　良心にしたがって真実を述べ、何事も隠さず、偽りを述べないことを誓います。」というセリフになります。
宣誓書は証言台に置いています。それを手に取って目の高さにして読み上げます。

㉖　主尋問・主質問は請求した側が行います。原則、誘導尋問が禁止されています。証人あるいは被告人から open question で 5W1H を one sentence, one meaning で証言・供述を答える側から引き出し、それが信用できることを示します。はい、いいえでしか答えられない尋問だと、証人や被告人に訊く意味がありません。主役は証人・被告人です。目撃したこと、

証人から離れて行う検察側主尋問

経験したことを話してもらいます。質問者が語りすぎると証人・被告人の生々しい声が聞けず、押しつけているように受け取られます。出来事を時系列に沿って訊き出しましょう。

㉗　主尋問、主質問を行う人は「黒子」(引き立たせ役)です。あくまでも主人公は証人・被告人です。証人・被告人にスポットライトが当たるように、聴いている人も集中するようにしなければなりません。尋問・質問をする際に意識を2方向、つまり証人（被告人）と裁判官に向けてことばを発することが大事です。証人・被告人とのやりとりを一番聴かせたいのは裁判官・裁判員なのですから、裁判官たちのほうを意識してことばを発するのと発しないのでは伝わり方がまったく違ってきます。
証人・被告人が今どんな心理状態なのか、慮ってことばを発しましょう。きっと初めての法廷であったりして不安なはずです。そういう思いをくみとってことばを発することが大事です。決して置き去りにしてはいけません。証人が安心して守られている気持ちを抱けるように、尋問・質問することが大切です。責めたり追及するような訊き方をせず、不利になりそうな発言をしたら、フォローする尋問・質問をします。また裁判官・裁判員も置き去りにしてはいけません。聴く人にも目を向け、気を配らな

その場にねじ倒されたわ。

検察官　その後どうなりましたか。…❸⓿

証　人　あいつは鞘から刀を抜いて目の前に突き付けよった。

検察官　太刀というのはこれですね（示す❸❶★）。太刀の部分、柄の部分を示します。聖柄なので実際は飾りがない状態ですね。

証　人　そういうやつじゃ。

検察官　目の前に突き付けたということですが、具体的にはどれくらいの距離でしたか。

証　人　１寸ばかりじゃった。

検察官　その後のことを教えて下さい。

証　人　髪を抜いているわけを聞かれたんで、わけを話した後、わしの着物をはぎ取りよった。わしは裸にされたんで、取り戻そうと、足にしがみついたんじゃが、荒っぽく蹴り倒された。あっという間に逃げていきよった。

検察官　どのように蹴り倒されたか様子を今やってもらえませんか。

証　人　（様子を再現）…❸❷★

検察官　ありがとうございます。人を即死させる太刀であなたを脅しただけでなく、あなたを裸にして屈辱的な目にあわせたうえ、あなたにとって生きていくための大事な着物を奪って逃げていったということですね。京都の寒い季節に着物を盗られてどうなりましたか。

証　人　風邪を引いたワ。折角髪の毛を抜いて集めたのに、上等な薬代で消えてしもうたワ。

検察官　それは大変でしたね。これで終わります。

（反対尋問）…❸❸

裁判官　弁護人、反対尋問をどうぞ。

弁護人　これから尋ねることに対して、裁判官・裁判員のほうに向かってはっきり答えて下さい。

証　人　なんで指図されなあかんのじゃ。

裁判官　指示に従いなさい。文句を言わないように。

118

『羅生門』で文学模擬裁判

●ポイント解説　（用語や注釈、演技のポイントを確認しましょう）

（★がついた解説はシナリオ改編のヒントとなるものです）

いといけません。

大事な尋問・質問は繰り返してアピールしましょう。異議が出ないように「確認ですが」と付けて聴く人にわかりやすくしたり、尋問・質問を円滑にするために、「○○についてお尋ねします」といったように間に小見出しを付けてもかまいません。

❷❽　証人・被告人は裁判官のほうを向いて答えます。証人尋問や被告人質問は裁判官や裁判員に聞かせるという意識が大切です。one sentence, one meaning で行うのも、裁判官・裁判員が理解しやすくするためです。

❷❾★　かもじ、添え髪のことです。地髪が短くて結い上げられない場合に使います。当時は長い髪が美人の条件とされたので、貴族の間でよく使われたと思われます。鬘の販路を持っていたのでしょうか。

❸⓿　例えば、この証言をぜひ印象に残したいと考えるならば、証人が答えている間、裁判官席のほうに体を向けて「ここ、大事なので注意して聞いておいて下さいよ」というメッセージを発することもスキルの一つです。

❸❶★　レプリカを使いましょう。

❸❷★　再現できない場合は、「年寄りなのでそんなことはできん」というセリフに変更します。様子を再現した場合、弁護人は言語化して説明しなければなりません。なお、書面またはものの成立・同一性などについて尋問する場合は、裁判長の許可は不要です。記憶が明らかでない事項について、想起するために尋問が必要な場合は、裁判長の許可が必要です。

❸❸　反対尋問・反対質問は主尋問・主質問で出た証言・供述の信用性を弾劾するために行います。誘導尋問をしてもかまいません。「はい」か「いいえ」で答えるしかないような closed question を行います。open question で訊くと、言い訳されて証言・供述の信用性が逆に高まってしまいます。深追いすると主尋問・主質問で出た内容が証明できることを固めてしまう「塗り壁」尋問・質問になります。被告人に言い訳をさせて暴走させてはいけないのです。証人・被告人の言い分を弾劾して信用性をおとしめるために、コントロールしなければならないのです。新しいことを引き出す

119

弁護人　あなたは死体から髪を抜いていたということですが、それは死体を汚すという点で犯罪ですよね。

証　人　そら、なんぼう悪いことかもしれぬ。じゃが、わしは誰でも彼でも抜いているわけやないヮ。蛇を魚と偽って売った女とか、生きている時に悪いことをしておった奴にねらいを定めて盗った。…㉞★

弁護人　悪いことをしたから悪いことをされてもいいわけではありませんよね。

検察官　異議あり！今のは弁護人の意見の押し付けです。事実だけを訊いて下さい！…㉟、㊽（→p. 131）

裁判官　弁護人、ご意見は？…㊱（→p. 123）

弁護人　証人のしたことの「本質」を言ったまでです。

裁判官　（ほかの裁判官と相談しながら）異議を認めます。弁護人は尋問内容を変えて下さい。

弁護人　では尋問を変えます。被告人の鳴尾さんが現れた時に逃げたのは、自分自身後ろめたい気持ちがあったからではないですか。

証　人　違う。刀を差しておったからじゃ。

弁護人　楼の中は暗いから明かりを灯していたんですよね。…㊲（→p. 123）

証　人　そうせんと、誰が悪いことをした奴か見分けられんからな。

弁護人　そんな暗い中だったんですね。

証　人　そうじゃ。

弁護人　あなたの視力はいくらですか。

証　人　そんなん、測ったことないわ。

弁護人　太刀を突き付けられた時はどんな気持ちでしたか。

証　人　恐ろしかったヮ。

弁護人　冷静でいられましたか。

証　人　いいや。

弁護人　1寸前に突き付けられたと言いましたが、暗くて視力も良いか悪いかはっきりせず、冷静でないのに、そんなに正確に距離を正しく判断できたんですかねえ…　その後のことですが、行く手を塞ごうとした甲子さんを突きのけて行こうとしたんですよね。…㊳★（→p. 123）

120

『羅生門』で文学模擬裁判

●ポイント解説　（用語や注釈、演技のポイントを確認しましょう）

（★がついた解説はシナリオ改編のヒントとなるものです）

ことではなく主尋問・主質問で出てきたことの内容の弾劾です（もし主尋問・主質問が短く、内容が薄い場合はオープンで訊き出して弾劾していきます）。open question で訊いてもいいのは、どんな答えが返ってきても次の質問につないでコントロールできる答えしか返ってこないことが明らかな時です。また、深追いしてもいけません。「寸止め」が大事です。押し問答にならないように気をつけましょう。手前で止めて、余韻を残して裁判官・裁判員に心象を形成させる、つまり聴き手に疑わしいと感じとってもらうようにします。追いかけると逆効果です。矛盾を認めさせる直前で止めることです。

主尋問・主質問と異なり反対尋問・反対質問の場合は、主人公は、尋問・質問者です。スポットライトを浴びて「私を見て！」というイメージで演じましょう。テンポ良く自分のペースで行いましょう。ただ、裁判官・裁判員を意識してわかりやすく、が大事です。質問にたくさん盛り込んではいけません。one sentence, one meaning が原則です。証人・被告人と

モニター前で近づいて行う
弁護側反対尋問

事前にあって話すことがないので、どんな答えが返ってくるかわかりません。不利な内容が出ることも十分あります。不利な情報が出ていて味方の主張に支障がある場合は、ひっくり返しましょう。有利な情報が出ていたら、ダメ押しで質問して確認するのもよいでしょう。尋問するたびに一歩ずつ近づいていって、いつの間にかそばにいるというふうに動くこともできます。ただ、相手側の両分にまで入るのは NG です。もし、相手が距離を縮めて尋問・質問してきたら、証人・被告人は圧迫感を抱きます。「威圧的です」と異議を出しましょう。

㉞★　果たしてどれだけ京都の人間のことを把握していたのでしょうか。それほど顔が広かったのかどうか。死体の顔から悪いことをした人間とそうでない人間の区別がつくのかどうか、疑問が生じるところです。

㉟　異議を出すことは、法令違反の尋問・質問とそれに対する証言・供述が証拠とされることを阻止することが目的です。異議を出されないためにはどう答えたらよいか考えてみましょう。
　異議を出す場合は、タイミングを逸しないことです。証人や被告人が答える前に「異議あり！」と発し、腰を半分浮かすつもりで相手の流れを止めるために勢いよく出すことがポイントです（机を叩いて「異議あり！」というくらいに）。大事なのはことばと体を一致させることです。ことばは体の使い方や動かし方により、そのことばに力が生じます。「頑張ります！」という際にうなだれて言うかガッツポーズで言うか、

証　人　そうじゃ。

弁護人　それから、あなたは鳴尾さんとつかみ合ったんですよね。

証　人　そうじゃ。

弁護人　どれくらいの時間つかみ合ったんですか。

証　人　暫（しばら）くじゃ。

弁護人　暫く、ということは、あっという間ではないですね。しかもその後、足にしがみつこうとしましたよね。

証　人　そうじゃ。

弁護人　お歳の割に若者を押しのけて、つかみ合って、しがみつこうとするほどの気力があるとは。元気で強いのですね。…㊴★
　　　　実は刀を突き付けられても案外平気だったんじゃないですか。

証　人　そんなことはないわ！

弁護人　これで反対尋問を終わります。

裁判官　検察官、再主尋問はありますか。…㊵

検察官　（あれば）あります。（なければ）ありません。

証　人　（あれば、答える）

裁判官　それでは裁判官、裁判員よりお尋ねします。（あれば…）…㊶

証　人　（あれば、答える）

裁判官　裁判員の方、他にありませんか。
　　　　（あれば）裁判員に発言を認める。…㊷★
　　　　（なければ）次のセリフへ

裁判官　それでは証人尋問を終わります。甲子兼さん、ごくろうさまでした。傍聴席にお戻り下さい。

［場面４］

［被告人主質問：鳴尾次郎］…㉓㉔（→p.115）、㉖㉗（→p.117）、㉘（→p.119）、
（→p.63 ㊾）

裁判官　続いて、被告人質問を行います。被告人は証言台の所に来て下さい。では弁護人、主質問を始めて下さい。

弁護人　あなたの家族は何人ですか。

『羅生門』で文学模擬裁判

●ポイント解説　（用語や注釈、演技のポイントを確認しましょう）

（★がついた解説はシナリオ改編のヒントとなるものです）

どちらが力強いか一目瞭然でしょう。また異議を出した場合、理由も述べます。まず
いと感じたら、異議を出し、とりあえず何か理由を述べましょう。（→p. 131 ㊾）

㊱　裁判官は異議が出た場合は、出された側に意見を聞き、その結果を受けて３名です
　　ぐに相談して異議を認めるか、棄却するか（異議事由にあたるかどうか）判断します。
　　認めた場合は、「異議を認めます」と述べ異議を出された側に「尋問（質問）の内容を
　　変えて下さい」、棄却した場合は「そのまま尋問（質問）を続けて下さい」と言って進
　　行します。「棄却します」と「却下します」は意味が異なります。そもそも異議を出
　　せない場合で出した場合は「却下」となります。

㊲　「暗い」かどうか明らかになっていませんので、ここは弁護人の誘導だとする異議が
　　出せます。（→p. 127 ㊲誘導尋問を参照）

㊳★　例えば、ここのセリフを２つに分けるという方法もあります。質問の一文が長く、
　　２つ質問があるからです。また、前半は意見の押し付けになっている感じでもある
　　ので、異議を出せるところです。

㊴★　「元気で強い」も主観であり、弁護人の意見である、という異議が出せます。

㊵　再主尋問・質問はリカバリーするための尋問・質問です。証人（被告人）が相手側に追
　　い詰められしどろもどろになっている、不利な状況になっていると判断したら、形勢
　　をリカバリーするために再度尋問・質問を行いましょう。前述の状況にもかかわらず
　　出さないことは証人・被告人を見捨てたも同然です。再主尋問・質問の場合、最初に
　　「１つあります」というように何個あるのか示します。多くても５〜６個でしょう。

㊶　裁判官・裁判員による「補充尋問」といわれます。判断を下すにあたり、検察官や弁
　　護人が訊いていないことで、明らかにしたいことや判断材料にしたいことを訊いたり
　　します。

㊷★　次の質問が考えられます。　＊服を盗られた後、どうしたのか。
　　　　　　　　　　　　　　　　＊どうやって帰ったのか。
　　　　　　　　　　　　　　　　＊どうやって鬘をつくるのか。

123

被告人　五条の橋の下に捨てられた子どもだったんで、家族はいません。

弁護人　そうですか。いろいろと苦労されたでしょうね、それは。ではお友達がいたかどうか、いたらどんなお友達がいたかを教えて下さい。

検察官　異議あり！　その質問は本件と関係がありません！…㊸★㊹

裁判官　弁護人、ご意見は？

弁護人　犯行に至った経緯に関わる重要な質問です。関係あります。

裁判官　（顔を互いに見合わせて）異議を棄却します。質問を続けて下さい。

被告人　恐らく周りの大人が言うのに、5歳頃から下人として働いてきたんで、いません。何かを教えてもらう機会もなく学んだこともなく心許せる人もいません。

弁護人　なるほど、5歳からとすると15年ほど働いてこられたのに、なぜ仕事がなくなったのですか？

被告人　長年使われていた主人から暇（ひま）を出されました。クビです。京の町は災いが続き、さびれ方はそりゃーひどいもんです。仏像でさえ打ち砕かれて燃料にされているくらいですから、人の心も荒（すさ）んでます。助け合うことはないし、役所も機能してないんで助けてもらうことなどもないです。飢え死にする人がたくさんいて、あちこちに死体が転がっているし、否（いや）が応（おう）でも死体が目に飛び込んできます。そんな時代の波を受けて自分の力ではどうしようもない。クビになった以上、行く所がなく、羅生門に行ったんです。

弁護人　なるほど、誰からも助けがなく、公的にも援助がなかったので、他に賃金を得る手段もなかったのですね。なぜ羅生門に行ったのですか。

被告人　羅生門は都の境界で、ここから出るとあてどなく漂うだけになります。もうどうでもいいと思いました。

弁護人　羅生門では何をしていましたか。

被告人　石段の一番高い所に座って都のほうを向いてぼんやりと朱雀大路（すざくおおじ）に降る雨を眺めてました。

弁護人　都のほうを向いていたのはなぜですか。

被告人　どうでもいいと思いつつ、まだ普通の生活に未練がありましたので。

『羅生門』で文学模擬裁判

●ポイント解説　　（用語や注釈、演技のポイントを確認しましょう）

（★がついた解説はシナリオ改編のヒントとなるものです）

❹❸★　異議を出させないようにするためにはどのような質問の仕方にすればよいか考えて
みましょう。

❹❹　異議を出すことは、法令違反の尋問・質問とそれに対する証言・供述が証拠とされる
ことを阻止することが目的です。異議を出されないためにはどう答えたらよいか考え
てみましょう。

異議を出す場合は、タイミングを逸しないことです。証人や被告人が答える前に「異
議あり！」と発し、腰を半分浮かすつもりで相手の流れを止めるために勢いよく出す
ことがポイントです（机を叩いて「異議あり！」というくらいに）。大事なのはことば
と体を一致させることです。ことばは体の使い方や動かし方により、そのことばに力
が生じます。「頑張ります！」という際にうなだれて言うかガッツポーズで言うか、
どちらが力強いか一目瞭然でしょう。また異議を出した場合、理由も述べます。まず
いと感じたら、異議を出し、とりあえず何か理由を述べましょう。（→p. 61 **❹❽**）

裁判官は異議が出た場合は、出された側に意見を聞き、その結果を受けて3名です
ぐに相談して異議を認めるか、棄却するか（異議理由にあたるかどうか）判断します。
認めた場合は、「異議を認めます」と述べ異議を出された側に「尋問（質問）の内容を
変えて下さい」、棄却した場合は「そのまま尋問（質問）を続けて下さい」と言って進
行します。そもそも異議を出せない場面で出した場合は「却下」となります。

羅生門

125

弁護人　ところで、あなたは聖柄の太刀を持っていますが、どこで手に入れたんですか。

被告人　主人が最後に物騒な世の中だからと言って護身用として持たせてくれました。太刀の危なさとかよくわかってます。

弁護人　今回、太刀で脅して金品を奪ったことで訴えられていますが、なぜ太刀を甲子兼さんに突き付けたのですか。

被告人　雨の夜、不気味な羅生門に老婆がいて、只者ではない怖さから太刀を抜きました。死体がいっぱい転がっている中ですし、自分の身に何が起きるかわからない怖さもあったから、自分を守るためです。刃を向けたからといって殺すつもりはなかったです。悪を憎む心が松の木片のように勢いよく燃え上がったこともあります。懲らしめるためで、脅すつもりはなかったです。

弁護人　その後、あなたは結局甲子兼さんから着物を奪いましたよね。なぜですか。

被告人　「悪に対する悪は許される、仕方のない悪は許される」という話を聞いたことが大きいです。それで生きていくために盗む決心がつきました。もしその話を聞かなかったら、盗むことにためらいがあったやろうから。京都は荒み切ってるし、身寄りが誰もいません。帰る所もない。役所からの助けもない。このままだと死ぬことは目に見えてます。話している内に金に換えられると思い自分の命のため、仕方なく着物を剝ぎ取りました。

弁護人　死にそうだったのですね。そのあたりのことを詳しく説明して下さい。

被告人　4、5日前に暇を出されたけど、羅生門に来るまで一切飲まず食わず。しかも秋の終わりで火桶が欲しいほどの寒さで、野垂れ死にする寸前でした。盗む以外生きる方法がなかった状態でした。

弁護人　なるほど。本当に他に方法はなかったの。

被告人　はい。とにかくお金になりそうなものは何もなかったです。それに周りにあるのは死体ばかりで、いたとしても、狐や狸やおっかない侍ばかり。

●ポイント解説　（用語や注釈、演技のポイントを確認しましょう）

（★がついた解説はシナリオ改編のヒントとなるものです）

距離を取って黒子として行う弁護側主質問

㊲　誘導尋問とは
「YESかNOで答えられる」、「質問者の意図する（認めさせたい）内容、期待する答えが質問の中に含まれる」尋問のことです（ここでは「尋問」に「質問」も含めて記します）。
主尋問で誘導尋問が許される場合（刑事訴訟規則199条の3第3項）は次の通りです（生い立ちから聴いていくことなどすると時間が足りなくなるなど、全面的に禁止されると主尋問が長くなってしまいます）。模擬裁判では、AからCが特に重要です。
　A　証人の身分、経歴、交友関係などで、実質的な尋問に入るに先だって明らかにする必要のある準備的な事項に関するとき、前提事項の質問は認められる。
　B　訴訟関係人に争いのないこと（模擬裁判との関係では、お互いに認めている事実、という程度で考えてください）が明らかな事項に関するとき。
　C　証人の記憶が明らかでない事項についてその記憶を喚起するための必要があるとき。
　D　証人が主尋問者に対して敵意又は反感を示すとき。
　E　証人が証言を避けようとする事項に関するとき。
　F　証人が前の供述と相反するか又は実質的に異なる供述をした場合において、その供述した事項に関するとき。
　G　その他誘導尋問を必要とする特別の事情があるとき。

弁護人　でも檜皮色の趣味の悪い着物よりも髪の毛のほうが、よっぽどお金
　　　　になるんじゃないですか。なぜ髪の毛を盗らなかったのですか。

被告人　さっき、懲らしめると言いましたが、自分なりに悪いことをした老
　　　　婆を懲らしめたいという思いもあり、着物を剝いだ。髪の毛のほう
　　　　がお金になるのはわかっていたけど、自分なりに自分の正義も表し
　　　　たかったんです。

弁護人　本当にやむなく犯行に及んだのですね。よくわかりました。これで
　　　　質問を終わります。（㊺★）

[被告人反対質問]…㊻

裁判官　続いて、検察官は反対質問を始めて下さい。

検察官　これから尋ねることに対して、裁判官・裁判員のほうに向かっては
　　　　っきり答えて下さい。先ほどの供述調書では、あなたの悪を憎む心
　　　　は松の木片のように勢いよく燃え上がり出したんですよね。

被告人　そうです。

検察官　松の木片に火をつけたところで、チョロチョロとした火しか出ませ
　　　　んよね。あなたの正義感はその程度ですね。…㊼★

弁護人　異議あり！　今のは不適切で侮蔑的な発言です。…㊽★（→p. 131）、
　　　　㉟（→p. 121）、㊱（→p. 123）

裁判官　検察官、ご意見は。

検察官　太刀を向けた背景に被告人の正義感があるので、重要かと考えます。

裁判官　（相談して）異議を認めます。検察官はこれ以降、質問の仕方に注意
　　　　して下さい。

検察官　わかりました。あなたは兼さんに近づく際に、すでに太刀に手をか
　　　　けていたんですよね。

被告人　はい。

検察官　しかも大股で歩み寄ったんですよね。

被告人　はい。

検察官　あなたと兼さんの年齢差はどれくらいですか。

被告人　30 から 40 くらいでしょうか。

●ポイント解説　（用語や注釈、演技のポイントを確認しましょう）

（★がついた解説はシナリオ改編のヒントとなるものです）

㊺★　ここでは「やむなく犯行に及んだ」こととして、質問を終わらせていますが、「着物を奪ったこと自体は悪かった」と、被告人から今は反省していることを聞き出して終わることも考えられます。

㊻　反対尋問・反対質問は主尋問・主質問で出た証言・供述の信用性を弾劾するために行います。誘導尋問をしてもかまいません。「はい」か「いいえ」で答えるしかないような closed question を行います。open question で訊くと、言い訳されて証言・供述の信用性が逆に高まってしまいます。深追いすると主尋問・主質問で出た内容が証明できることを固めてしまう

近づいて行う検察側反対質問

「塗り壁」尋問・質問になります。被告人に言い訳をさせて暴走させてはいけないのです。証人・被告人の言い分を弾劾して信用性をおとしめるために、コントロールしなければならないのです。新しいことを引き出すことではなく主尋問・主質問で出てきたことの内容の弾劾です（もし主尋問・主質問が短く、内容が薄い場合はオープンで訊き出して弾劾していきます）。open question で訊いてもいいのは、どんな答えが返ってきても次の質問につないでコントロールできる答えしか返ってこないことが明らかの時です。また、深追いしてもいけません。「寸止め」が大事です。押し問答にならないように気をつけましょう。手前で止めて、余韻を残して裁判官・裁判員に心象を形成させる、つまり聴き手に疑わしいと感じとってもらうようにします。追いかけると逆効果です。矛盾を認めさせる直前で止めることです。

主尋問・主質問と異なり反対尋問・反対質問の場合は、主人公は、尋問・質問者です。スポットライトを浴びて「私を見て！」というイメージで演じましょう。テンポ良く自分のペースで行いましょう。ただ、裁判官・裁判員を意識してわかりやすく、が大事です。質問にたくさん盛り込んではいけません。one sentence, one meaning が原則です。証人・被告人と事前にあって話すことがないので、どんな答えが返ってくるかわかりません。不利な内容が出ることも十分あります。不利な情報が出ていて味方の主張に支障がある場合は、ひっくり返しましょう。有利な情報が出ていたら、ダメ押しで質問して確認するのもよいでしょう。尋問するたびに一歩ずつ近づいていって、いつの間にかそばにいるというふうに動くこともできます。ただ、相手側の両分にまで入るのは NG です。もし、相手が距離を縮めて尋問・質問してきたら、証人・被告人は圧迫感を抱きます。「威圧的です」と異議を出しましょう。

㊼★　本文の読みにかかわるところで、誤解しやすいところです。

検察官　それくらい年の離れた老人とつかみ合ってねじ倒したのですよね。

被告人　はい。

検察官　そして、いきなり「何をしていたか言え」と言って、太刀を目の前に突き付けたんですよね。

被告人　はい。

検察官　話を聞き出すために、旅の者だといって偽ったんですよね。

被告人　はい。

検察官　あなたは兼さんから何か奪おうかどうしようか決心がつかなかったんですよね。

被告人　はい。

検察官　なぜ決心がついたのですか。

被告人　兼さんの、「悪いやつに悪いことをしても許される、仕方なくする悪は許される」ということばを聞いて、その理屈に納得したからです。

検察官　本当に兼さんはそんなことを言ったんでしょうか。

被告人　言いました。大体こんな意味のことを言ったはずです。

検察官　「大体こんな意味のこと」であって、「こう言った」わけではありませんよね。あなたが勝手に頭の中で都合よく解釈しただけではないですか。

被告人　そんなことはありません！

検察官　でもあなた、着物を盗ったところで、どうしようと思ってたの？京都の町は荒れて商売どころじゃないでしょ？

被告人　京の町は荒れてたけど、平等院のある別荘地の宇治(㊾)ならまだ落ち着いてたんで、宇治まで行って売るつもりでした。

検察官　飲まず食わずだって言ってましたが、本当に食べ物なかったの？刀で狐や狸を切って肉を食べたらいいじゃないですか？

被告人　狐や狸もやせ細っていて肉がほとんどないし、もしそんな肉を食べたら病気になってしまいます。

検察官　鴨川の水くらい飲めたでしょ？

被告人　鴨川には死体を流すから、飲めたもんじゃありません。飲んだらたちまちおなかをこわしてしまいます。

『羅生門』で文学模擬裁判

●ポイント解説　（用語や注釈、演技のポイントを確認しましょう）

（★がついた解説はシナリオ改編のヒントとなるものです）

㊽★ 異議が出されないような質問の仕方を考えましょう。
尋問・質問で異議を出せる場合は次の通りです。
① 主尋問・主質問における誘導尋問・質問（ただし争いのない事実についての誘導は禁止の対象外）
② 誤導尋問（争いのある事実または未だ供述に現れていない事実を前提として又は仮定してする尋問・質問）。
③ 威嚇的・侮辱的な尋問・質問
④ 重複尋問・質問（何度も同じことを訊く）
⑤ 意見を求める尋問・質問
⑥ 議論にわたる尋問・質問
⑦ 証人が直接経験していない尋問・質問
⑧ 関連性のない尋問・質問

理由を述べる際はここにある表現を使わなくても聞いてわかりやすいことばを使うとよいでしょう。

㊾　参考図

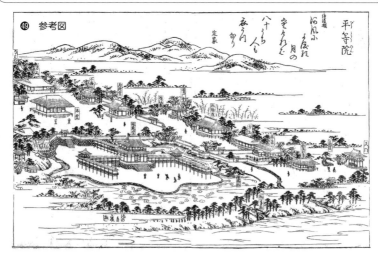

都名所図会・平等院　江戸中期に発行された名所図会本の絵（手前が宇治川）。平安時代の宇治は、奈良・京都・滋賀を結ぶ水陸交通の要衝として、歴史の中で重要な役割を果たしていました。平安時代に栄華を極めた藤原氏の別荘地として、その他の貴族が多く集った場所ともいわれます。都から通いやすい距離で、交通の要所であったことや、宇治川や山があり、ゆったりとした時が流れていたことから、貴族たちは宇治を好み別荘を持っていたようです。

131

検察官　じゃあ、兼さんみたいに、死体から髪の毛を抜いたら良かったじゃないですか。

被告人　そんなことできるわけないです。もし悪い奴から抜こうとしたとしても俺は誰が悪い事をしたかなんてわからないし。

検察官　兼さんに教えてもらえば良かったじゃないですか。脅すことなんてせずに仲良くして。…(50)★

被告人　ありえません！

検察官　質問を終わります。

裁判官　弁護人、再主質問はありますか。…㊵(→p. 123)

弁護人　(あれば)あります。…

(なければ)ありません。

被告人　(あれば答える)

裁判長　それでは裁判官・裁判員よりお尋ねします。(あれば)

被告人　(あれば答える)

裁判官　裁判員の方、他にありませんか。…(51)★、㊶(→p. 123)

(あれば)裁判員に発言を認める。

(なければ)次のセリフへ

裁判官　それでは、被告人質問を終わります。被告人は、元の場所で座って下さい。これで証拠調べ手続きを終わります。これから10分間論告・弁論の検討時間とします。再開は○時○分からとします。それでは休廷します。

[場面5]

4. 論告・弁論手続…(52)

[論告・求刑]…(53)

裁判官　それでは再廷します。これから検察官・弁護人それぞれの御意見を伺います。では検察官、論告を行って下さい。

検察官(54)(→p. 135)　まず、事実関係ですが、被告人の本件犯行は当公判廷において取調べ済みの各証拠によって証明十分と考えますが、改めて説明いたします。

『羅生門』で文学模擬裁判

●ポイント解説　（用語や注釈、演技のポイントを確認しましょう）

（★がついた解説はシナリオ改編のヒントとなるものです）

㊿★　検察官の意見の押し付けなので異議を出せるところです。

㊶★　裁判官・裁判員として次のような補充質問が考えられます。
　　＊餓死する直前なのに、どうして老婆を蹴り倒すほどの体力があるのか。
　　＊どうして太刀を売らなかったのか。
　　＊4，5日はどうやって過ごしていたのか。
　　＊宇治の情報はどうやって知ったのか。
　　＊宇治までどうやって行ったのか（行こうとしたのか）。
　　＊宇治に鍛冶屋はあったのか。
　　＊飲み水はどうやって得たのか。
　　＊着物はその後どうしたのか。

㊷　論告・弁論は検察側・弁護側にとって最後の主張の場です。この事件はこのように判断されるべきだと主張し意見を述べます。主張が正しいとされるためには、証拠が必要となります。証拠はこういうふうに見るべき、だからこういう事実が認められるなどと主張します。また、争いのある事実については、その意見と証拠の関係を具体的に明示して行わなければなりません。

裁判官の前にプレゼン資料を掲げて行う検察側論告

冒頭陳述と異なり聞き手を説得する必要があります。その場でいきなり立って述べてはいけません。ことばはどこで発するかによって、そのことばの力は変わってきます。この場合、一番訴えたい人の真正面に移動しましょう。証言台あたり裁判長の前かつ少し自陣営側まで来たら、すぐに始めるのではなく、裁判官・裁判員9名全員としっかりアイコンタクトを取って、最後にもう一度裁判長の目を見据えて十分に間合いを取ってからことばを発しましょう。弁論も同様です。他のメンバーは裁判官・裁判員の方を見据えましょう。チームとしての一体感が出ます。

㊸　「論告」は証拠調べが終わった段階で検察官が法廷で公訴事実や法律の適用について意見を述べること、「求刑」は刑罰を請求することです。論告は心は熱くても態度は冷静に、淡々とことばを発しましょう。
　ただ紙面ばかり見てはだめです。できるだけ裁判官と裁判員9名の表情を見ながらことばを発しましょう。「極めて」ということばを使ったり大事なところを繰り返して強調したりします。

133

被告人は、治承4年神無月29日酉刻頃の頃、15年ばかり雇われた西宮国綱から解雇され、路頭に迷った挙句（あげく）、羅生門の楼に上りました。そこで死体から髪の毛を抜いている甲子兼を見つけました。この後、近づくのですがその時すでに聖柄の太刀に手をかけています。これは明らかに太刀を用いて何らかの危害を加えようとする意思の表れであります。またその際大股で近づいています。死体が転がっていて暗い状態で恐怖心があったと被告人は述べていますが、大股だったことは、すでに気持ちが大胆になっていることの表れであります。しかもその後およそ30から40も年の離れた老人をねじ倒しました。お年寄りに対して本気で勝負し、容赦（ようしゃ）なくたたき付けたのです。さらに何をしていたか言わせるために、太刀を目の前1寸の付近に突き付けました。被告人は太刀を所持していたので、太刀の切れ味については十分理解しているはずです。その危険を十分理解しつつその太刀を突き付けたのです。これは脅迫以外の何物でもありません。

盗みに対して迷いがあった被告人は証人の悪の論理に影響されたと述べていますが、そもそも、本当に証人がそのような悪の論理を述べたかどうかは不確かであります。そして被告人は心理的に抵抗できない状態にしたうえ、着物を奪って逃走しました。着物は女性である兼さんにとっては体の一部であり、着物を奪われ裸にされ、外に出ることもできなくなるばかりか、体調にも影響を及ぼします。実際に着物を盗られた兼さんは寒さから一気に風邪を引いてしまったのです。これら一連の犯行は20歳くらいという年齢を加味しても、被告人の行為は非人道的で悪質極まりありません。体力もあったのですから、緊急避難措置（そち）に基づいた無罪には到底なりません。

次に情状関係ですが、被告人は被害者に対し、全く謝罪をしておらず、被告人は不合理な言い訳をして、反省の態度が全く見られません。

以上すべての事情を考えた上、被告人の行為は緊急避難措置には当たらず懲役5年に処するのが相当と考えます。…(55)

●ポイント解説　（用語や注釈、演技のポイントを確認しましょう）

（★がついた解説はシナリオ改編のヒントとなるものです）

(54) 論告も弁論もルールオブスリーの原則(どんな複雑な物事でも 3 つに集約・整理できる)でまとめることが肝要です。その原則に基づいて、判決を下した理由を自分たちのことばで 3 点述べます(プロの判決文を真似する必要はありません)。
一番重要な理由は最初に、二番目に重要な理由は最後に、最も軽い理由は真ん中に挟んで述べましょう。primary 効果、recently 効果といって、人は一番最初と最後のことばが印象に残るのです。2 つめまでを話したら、一旦整理して 3 つめに入ると、聴き手によりわかりやすくなります。

(55) 量刑については過去の判決を調べて考えてみましょう。また、この一文は重要なところなので暗記して、裁判官のほうを見ながら訴えかけましょう。

「弁護人の弁論」…❺

裁判官　続いて弁護人は、弁論を行って下さい。

弁護人（❺）　裁判官、裁判員の皆さん、被告人鳴尾次郎君は無罪です。皆さんは「無罪だ」という主張に違和感を覚えられることでしょう。しかし今回の件は緊急避難が成立する４条件があてはまるのです。１つ目（❺）は人の生命・身体・自由または財産の侵害の危険が切迫していることです。４、５日前に勤め先をクビになり、飲まず食わずで彼は飢え死に、野垂れ死に寸前だったのです。しかも京都の秋は深まっており、寒さで体力の消耗（しょうもう）も半端ない状態でした。２つ目は避難行為があることです。今回は着物を奪ったことがこれに当たります。３つ目はやむを得ずにした行為であったこと、つまり危難回避の方法が他に存在しないことです。彼は水を飲もうにも死体で汚れた鴨川の水を飲めない状況でした。しかも人がいない状態でした。あるのは死体、いるのはおっかない刀を持った侍です。金目の物は何らありませんでした。その状況の中でいたのが甲子兼さんだけだったのです。そして金目の物を持っていたのも彼女だけだったのです。したがって他に命の危険を回避する方法がなかったので、兼さんの着物を奪わざるを得なかったわけです。髪の毛を奪わなかったのは、彼なりの正義感の表れでありました。４つ目は、生じた害が避けようとした害の程度を超えなかったことです。次郎君は確かに兼さんの着物を盗みました。でも盗んだことにより死ぬことから免（まぬか）れました。兼さんは着物を失いましたが、着物は時価で45文（約1,600円）相当に過ぎません。次郎君の行為により兼さんの失った利益は次郎君が死ぬことから免れたことを考えると、それよりも軽いと言えます。以上のように、今回は緊急避難成立の４条件がすべてそろっています。したがって次郎君は無罪です！

　皆さん、考えてみてください。鳴尾次郎君が強盗を働く事態になったのは、彼の責任でしょうか。彼の人生は橋の下の捨て子として始まったのです。未だに両親は誰かわかりません。そしてこの世に生を受けた命であるにもかかわらず、モノのように扱われもらわれ

●ポイント解説　（用語や注釈、演技のポイントを確認しましょう）

(★がついた解説はシナリオ改編のヒントとなるものです)

㊽ 「弁論」は弁護人の最終意見です。弁論は論告と違って、情熱的に訴えてもよいでしょう。弁論は「後攻」の有利さもあります。検察官が述べた「論告」のことばをそのまま引用して矛盾を突けば効果絶大です。情状を訴えたりします。

㊾ 大事な主張したいセリフは暗記して、裁判官・裁判員を見て、ことばを発しましょう。紙面を見て読んでは説得できません。

㊿ 効果的に指差しを使いましょう。1つめ、という場合、まず、指で示してそれから1つめの理由を述べます。まず「1」を指で示して注目を集めてから「1つめは、…」とことばを発するという順序です。指差しとことばの順序が逆になっても同時でもいけません。「show & tell」です。その場合肘を上げる角度も意識しましょう。

裁判官席のほぼ正面から行う弁護側弁論

て、下人となったのです。15年ほどまじめに働いていたにもかかわらず、彼は突然職を失います。京都の町の衰微の余波でした。京都の町の不況は彼とは何の関係もありません。身寄りがない状態ですし、教育を受けたこともなく、彼には信頼できる友人もいませんでした。頼るところは雇われ先のみですが、そこにも戻れなくなったのです。人間が暮らしてゆく「食と住」を失ってしまったのです。ここまでお聴きになって、彼にはまったく落ち度がないことについてご理解いただけたでしょう。そこで彼は盗みを働くかどうか迷いに迷いました。そして甲子兼さんの悪の論理を利用しました。でもその時の彼の心の中を考えるならば、自分の迷いを消去するために、生きていくために藁にもすがりたい気持ちであったことは間違いありません。それに計画的な犯行でもありません。甲子兼さんは悪の論理を述べていない、被告人がいいように解釈しただけだ、と検察官は述べますが、「大体こんな意味」と、凡そ同じことを言ったことは確かです。

　次郎君はまだ20歳で彼には未来があります。緊急避難が成立しないとして、過剰避難、つまりやりすぎと判断されたとしても、更生の余地も十分あります。そのことも考慮されるべきです。…❺❾

　改めて主張します。鳴尾次郎君は緊急避難措置に基づき、無罪です！…❻⓪

［被告人の最終陳述］

裁判官　では、被告人は証言台の所に立って下さい。以上で審理を終わりますが、被告人として、最後に何か言っておきたいことがありますか。

被告人　私は、確かに甲子兼さんから太刀を突き付けて着物を奪いましたが、太刀は恐怖心から突き付けたのであって、自分を守るためであり、着物を奪ったのも、そうしないと自分自身が生きていけないやむにやまれぬ状態からです。甲子兼さんには本当に今となっては申し訳なく思っています。…❻❶★

『羅生門』で文学模擬裁判

●ポイント解説　　（用語や注釈、演技のポイントを確認しましょう）

（★がついた解説はシナリオ改編のヒントとなるものです）

❺❾　ことばは人間の体の動き、向き、立つ位置によって力を増します。ここで被告人の傍まで行って肩に手を添えて以下のことばを発したならば、ことばの力も異なるでしょう。
「皆さんも同じ状況になったらどうするか考えて、それも踏まえて判決を下してください」という一文を加えることもできます。

❻⓪　ここも裁判官・裁判員を見てそらで訴えかけましょう。

❻①★　このセリフなどは、被告人役が自由に考えて、セリフを変えてもかまいません。

139

裁判官　これで結審とします。判決は本日（　　）時（　　）分に言い渡します。それでは一旦休廷します。…❷

[場面6]

5. 判決言い渡し…❸

裁判官　被告人は、証言台の前に出て下さい。
　　　　それでは、被告人に対する強盗事件について、判決を言い渡します。…❹
　　（有罪の場合）
　　　　主文、被告人を〜に処する。その理由を以下に述べます。
　　（無罪の場合）
　　　　主文、被告人は無罪。その理由を以下に述べます。

＊判決を言い終わった後、有罪の場合、裁判長は被告人に説諭を述べる。

『羅生門』で文学模擬裁判

●ポイント解説　　（用語や注釈、演技のポイントを確認しましょう）

（★がついた解説はシナリオ改編のヒントとなるものです）

㉒　結審は、当事者が意見を述べたり、主張したり、証拠提出が終わった段階のことです。
裁判の終わりではありません。
結審の時点での時刻から評議の所要時間を加味して告知しましょう。

㉓　「判決言い渡し」とは、有罪か否か、科す刑罰を裁判長が言い渡すこと（宣告）です。
裁判員はその場にいて、聞く必要があります。これが終わると裁判員の任務も終了です。判決文は主文（判決の結論部分）と判決理由に分かれます。通常、主文、判決理由の順ですが、死刑判決の時は順序が逆になることが多いとされます。「量刑」とは刑罰の重さと種類を決めることです。

㉔　ルールオブスリーの原則（どんな複雑な物事でも３つに整理できる）に基づいて、その判決を下した理由を自分たちのことばで３点述べます（プロの判決文を真似する必要はありません）。一番重要な理由は最初に、二番目に重要な理由は最後に、最も軽い理由は真ん中に挟んで述べましょう。primary 効果、recently 効果といって、人は一番最初と最後のことばが印象に残るのです。

㉕　裁判官から被告人へのメッセージです。主文と判決理由を読み上げた後に、改めて被告人の将来についてアドバイスする機会です。書面を見ずに、自分のことばで被告人に語りかけることが大事です。

羅生門

141

7 登場人物のキャラクタリゼーション

　キャラクタリゼーションとは登場する人物の性格を設定し、人格を持たせることです。模擬裁判を進めるにあたって、人物の情報やエピソードから人物分析を行い、人物像をつくるキャラクタリゼーションが必要になります。文学作品である小説で模擬裁判をするにあたって、重要なプロセスになります。ここに力点を置く所が公民科と違う国語科の模擬裁判の特徴です。公民科の模擬裁判であれば、登場人物は人格がないＸでもＹでも、事実だけに注目すれば差し支えありません。しかし、小説をモチーフにしている以上、登場人物がどんな人物なのか、小説本文を読んだことを基本にして、資料を読み取ることが必要です。シナリオも、小説本文の登場人物に脚色を加えています。翻案した登場人物像が本文のそれと異なる点が少しあれば、シナリオに登場する人物像についてみんなで議論して考えていきましょう。

　文学模擬裁判では読みを深めるだけでなく、被告人や証人になり切って演技することが大切です。皆で議論してキャラクタリゼーション化した人物像に成り切って演技するために、この人物像の議論は大変重要になってきます。

　ある高校では、被告人である下人(鳴尾次郎)の人間像は「根っから悪くない。流されやすい。自分なりの正義感を持つ。生活苦。優柔不断。ずる賢い。前科がないのでけっこうまともである。揚げ足とりがうまく、証言が『なるほど』と納得できるところから地頭が良い」。証人である老婆(甲子兼)についての人間像は「自己ＰＲがうまい。客観的に見ることが苦手。生活苦。気が荒くて反抗的。常にイライラしている。余裕なさそう。敬語を使うことがなく感情的ゆえ割と素直。被害者意識が強い。気が大きくなっている。検察に呼ばれて来てやったという意識から上から目線。顔が広いように思われる」といった意見が出されました。

　ある大学で実施した時、被告人役の学生はセリフを全てぶっきらぼうな関西弁にしていました。学ぶ機会が失われていたと想定して、敬語を使いたくても使えない下人像に設定したようです。

142

『羅生門』で文学模擬裁判

8 配 役

キャストと傍聴人に分かれます。以下はクラスの人数が40人の場合の一例
です。

> 裁判官３名(裁判長・右陪席・左陪席)、裁判員６名、検察官４〜５名、弁護人４
> 〜５名、被告人１名、証人１名、書記官１名、速記官１名、廷吏１名、司法記者
> ２〜３名、傍聴人約15名。

まず一番に決める際は被告人です。なぜなら被告人こそ刑事裁判の主人公だ
からです。被告人次第で模擬裁判も変わってきます。検察官や弁護士の場合、
読む分担は細切れに分けるのではなく、場面ごとに分担するほうがスムーズで
わかりやすくなります。異議は誰が出しても構いませんし、異議専門の係を決
めるという手もあります。

裁判官はどの場面も重要なのですが、分担する場合、開廷宣言から証拠採否
決定まで、と判決言い渡しは最低限裁判長が負って、残りを右陪席、左陪席で
担当する形もとれます。しかし基本的に訴訟指揮を執るのは裁判長なので、継
続して担うのが自然でしょう。

書記官や速記官は当日アドリブで発せられたセリフを記録する役目です。廷
吏は裁判の進行係です(最初の起立・礼など)。司法記者は裁判の様子を取材し後
日新聞を発行します(新聞社によりカラーの違いを出すために、検察寄り、弁護寄り、
中立の視点で発行する工夫ができます)。何もしない単なる傍聴人を出さないため
に、傍聴人は３〜５名ずつに分けてスモール裁判体を形成します(実際はありま
せんが教育効果上作ります)。そして実際の裁判体が判決を出す前にそれぞれの
グループごとの判決を発表します。ローカルルールとして傍聴人からの質問を
受け付ける工夫もできます。人数がより少なく時間的にゆとりがある場合はキ
ャストを２グループに分けて実施することも可能です。実際に同じ教材でも
判決が分かれたりします。またシャドウキャビネットならぬシャドウ裁判体
(最大９名)を構成して本来の裁判体の判決後に、シャドウ裁判体による判決も

羅生門

143

発表する形もできます。実践したところ判決が違ったことがありました。違えばなぜ違ったのか判決に至る判断の過程を分析することで、より学びを深めることができます。

　証人は老婆1人ですが「4　翻案」で紹介したように、目撃者を設定して2人にすることもできます。

9 歴史的・地理的観点

　モデルとなった「羅城門」は天元3年(980年)7月9日の暴風で倒壊して以来、再建計画は立てられるものの結局は再建されませんでした。その後の史料で「羅城門」と出てくるのは「羅城門のあった場所」という意味になります。シナリオでは設定を治承4年(1180年)としているので、その時点では「羅城門」はその原型をとどめていません。芥川が「羅城門」を「羅生門」としているのは文学的意図があります。シナリオでも「羅城門」ではなく「羅生門」とするの

治承4年(1180年)前後の出来事

1167	平清盛太政大臣になる
1172	清盛の娘徳子が中宮となる
1173	清水寺・六波羅蜜寺焼失
1175	京都で大火、疱瘡の流行、専修念仏始まる
1177 (治承1)	京都で大火、大極殿の焼亡。大地震起こる
1180 (治承4)	平家討伐の令、源頼朝・木曾義仲が挙兵
1181	平清盛が病没
1182	京都で飢饉が発生、疫病流行
1185	平氏が滅亡、頼朝が諸国に守護地頭を配置

は歴史の事実と合わないものの、文学作品には則っているといえます。

　下人ですが、三宅(2022)には草稿に「侍」とあることや太刀の扱い方に注目し、警固役の侍ではないかという説が述べられています。侍であれば所持しても自然です。しかし確定はできません。繁田(2020)によれば、王朝時代の侍には「男房」という別名があるように、主人の入浴・排泄・私室の掃除が最も重要な仕事であり、「侍」とは「侍ふ」従者として常に主人の身辺から離れない存在だったということです。下人が持っていた「聖柄の太刀」は加工していない木のままの柄であることから、相対的に「安価」な品になるでしょう。中世は庶民でも成人男性は帯刀が一般的だったそうですが、それが平安時代末

期にまで遡及できるかは不明だということです。時代として平安から鎌倉にかけての時代の過渡期です。もし帯刀していれば護身用とも考えられます。ちなみに「太刀」とは刀身が鎬造かつ反りのある湾刀で、刀長（刀身の先端の鋒から棟と茎の境目である棟区までの直線距離）が２尺数寸（80数センチ）を通常とします。シナリオでは、貴族に雇われる前に鍛冶職人に拾われたとしました。平安時代の刀剣鍛冶の居住（伝承）地は、粟田口であったといわれています。小笠原（2007）によると、京粟田口には平安時代から鍛冶が存在し、鎌倉時代初期から中期にかけて、多くの名工を輩出したとあります。その代表格が平安中期の刀匠・三条小鍛冶宗近で、粟田神社内の鍛冶神社に祀られています。粟田口は東海道で山科に通じていますが、山科には如意ヶ岳南製鉄遺跡群とされる、鉄鉱石を原料としたたたら製鉄跡が残っています。

　被告人の下人の推定年齢は20歳で、身長155cm、体重45kg、被害者の年齢は55歳で身長140cm、体重35kgと設定しています。片山（2015）は骨から日本人の歴史を調査分析していますが、奈良時代から平安時代にかけては、出土する古人骨の資料が質・量とも乏しく、また仏教が普及した関係から、火葬骨が多いため、粉々の状態のものが少なくなく、身体的特徴を明らかにするのは手探りの状態なようです。その中で、男性は平均で155cmを超える程度、女性で145cmほどだったと導き出しています。ただ、体重を考えると、下人はやせ型になります。また江戸時代の例になりますが、片山は600人分以上の伏見城跡から出土した伏見人骨から平均寿命について論じています。平均寿命は40歳ほどですが、40歳代になって全員がバタバタと死んでいくことを意味しません。乳幼児の死亡率が約14%と高く、女性は妊娠と出産のリスクから20歳から40歳を超えるあたりでの死亡率が高かったことなどが原因で、40歳代という平均寿命になります。逆にいえば、事故や病気などをクリアできたら長生きできることになります。80歳以上の高齢まで生き、長寿を全うする者も少なくなかったことを指摘しています。時代は異なりますが、被害者の老婆はそういう意味で逞しいと考えられます。

　老婆の檜皮色の着物は45文相当、現在の価値では1,600円程度になります。当時の物価について、山口（2015）、繁田（2020）を頼りに説明しましょう。源　高明により編纂された有職故実書の写本の１つには、長徳２年（996年）

12月17日付で検非違使が捕獲した9人の強盗犯と2人の窃盗犯の盗品の物品の時価が銭で示されています（右表）。ちなみに繁田(2020)では平安朝で起きた凶悪犯罪を描いていますが、『羅生門』の下人や『今昔物語集』の盗人も、王朝時代の都で強盗を働いた武士たちの事情に近い現実の一つであろうと述べています。

麻布2反	150文(に直つ)
白単衣1領	50文
直垂1領	3貫文(3,000文)
用紙50帖	50文
白布の帯	50文
米1石	1貫文(1,000文)
釜1口	100文
弓1張	30文
銀造太刀1腰	5貫文(5,000文)

（『西宮記』所収「勘文を定むる事」の条より抜粋）

　米1石＝1貫文＝1,000文を基準に考えます。1石＝10斗＝100升となるので、1升10文になります。「王朝時代には、特殊な技術を持たない庶民の成人男性が単純な肉体労働に従事した場合、その日当は米1升」（繁田2020 p.235）になります。「1升は22文強。現米価1升800円とすると、1文は36円に」（山口2015 p.80）相当します。白単衣1領50文は換算すると1,800円です。貧乏貴族の使い古しの特別安価であることを考えると、老婆の着物約1,600円は妥当なところです。この老婆の出自はよくわかりません。ただ蛇の肉を鳥の肉といって売っていたという事情まで知っていることから、都の諸事情に詳しい人間だったと思われます。宮中の女房とするならば、家庭教師的な存在になりますが、日本史の専門家によると、後ろ楯がいなくなると貴族層の女性であっても没落するのは珍しくなく、遺体から髪を抜かなければならないほど没落するといったことは見られないことだったかもしれないということです。また、『源氏物語』の「末摘花」ほど没落するのは、当時でも珍しかったから1つの物語になったといえるということでした。

　平安時代から遺体が身近にあることは日常と化していました。『方丈記』に描かれるように飢饉と隣り合わせの生活が存在していたからです。しかし埋葬地は設定されていました。中世京都の被差別民の空間に詳しい脇田(2002)、山田(2012)を基に説明しましょう。羅生門から近い所では、清水寺周辺の阿弥陀が峰あたりから西大谷にかけて広がる「鳥部野」が著名な埋葬地になっていました。また、行き場がなくて洛中と洛外の境界にある羅生門に来たという設定ですが、各都市と周辺地域の境界は特定の集団が支配する地でした。清水寺に通じる清水坂には「坂の非人」、「坂の者」といわれる集団が支配し、鴨川

には「穢多」と呼ばれた河原者の集団が支配していました。何らかの集団に属していないと生き抜くことが難しい時代だったようです。

当時「坂」は境界と認識されていました。清水坂は清水寺への参詣ルートで、清水坂に通じる松原通には、異界との接点とされる六道珍皇寺があり、清水寺の南には鳥部野の葬場が広がっています。こうして、多様な人々が集まる空間に被差別民が集まり、階層秩序を持った大きな集団となります。『今昔物語集』にある、乞食の頭の娘や伴の乞食がご馳走を持ってくる話からは、乞食の頭目の裕福な暮らしぶりが窺えます。のちに、清水坂の被差別民の頭目は「坂の長吏」と呼ばれ、清水寺の「清目」としての地位を持ちます。鴨川の河原者は中世に誰のものでもない空間である河原に居住し皮革生産や死んだ牛馬の処理に従事した人たちです。羅生門も設定上アジール（聖域）ですが、河原もアジールであり、一番簡単な葬儀は遺体を鴨川の河原に棄てる方法だったようで、

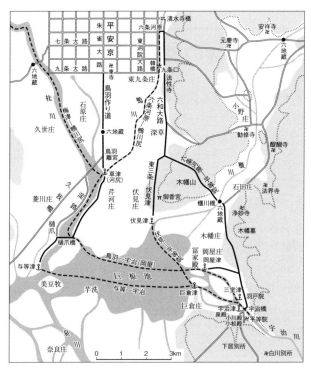

「宇治と平安京を結ぶ道」（『平安時代の宇治』p.10 より）

羅生門同様死体が多数あったと思われます。

　権力層の支持する仏教の衰退が描かれていますが、元来仏教は鎮護国家の思想であり、人々を守るために祈ったということはないと思われ、本気で飢饉対応していたのかは不明のようです。

　宇治の位置づけですが、杉本（2005、2006）によると、11世紀から12世紀の時期には平安王朝文化を担った藤原摂関家により数多くの寺院、別業邸宅が造られ、個性的な都市景観が創り出されていたといえます。平等院の西の旧宇治市街には、計画的碁盤目道路があり、12世紀前葉以降頃に別業邸宅等の造営が進行したとされています、衰退が始まったのは13世紀前半からのようです。羅生門のある地点から宇治を目指す場合、鳥羽作道を通り、草津（河尻）から舟で南下し、巨椋池を経由し巨倉津に着いて目指す水路か、大和大路を下り六地蔵から平等院を目指す陸路の二つが考えられます。

10 シナリオの改編

　シナリオをそのまま使っても実施できますが、できたら追記したり削除して、クラス・講座独自のシナリオに変えていって下さい。検察側にとっては「論告」、弁護側にとっては「弁論」が主張の源（「mother」と呼びます）となります。手順を説明します。

① 「幹」の部分である論告と弁論をより精緻な内容に組み直す。その際、同じ事件でも検察から見た場合と弁護から見た場合は違うはずなので、それぞれどのような事件のストーリーを描くかがポイント。支える柱（根拠）は3つで考える。

② 「枝」の部分となる尋問・質問の内容を変えていく。「幹」を変えるならば枝 の部分を変えていく必要がある。尋問・質問を考える場合、そこから聞き出したことが論告や弁論にどう繋がるのか意識して作る（常に争点にどう関わるかを考え る。どうしても「木を見て森を見ず」になりがち。常に「森（争点は何か）」を考えながら「木（争点にどう繋がるか）」を考え、その尋問・質問をすることで何を聞き出すかという獲得目標を明確にする。

③　尋問・質問を作る際には主尋(質)問では時系列に5W1Hを意識してオープンに訊き出す形にする。反対尋(質)問では、はいかいいえで答えさせるようなクローズな形にする。「one sentence, one meaning」の一問一答で短文を重ねていく。訊く際に「見出し」をつけると聞き手に優しくなる(例えば「殺害現場を見た時のことについてお尋ねします」など)。

　　聞く人にとって、肝心な場面が(細部まで)映画のスローモーションの如くコマ送りのように映像がイメージ出来たらそれは良い尋(質)問になる。

「桃太郎」を例にとって説明しましょう。主質問であれば「それはいつの出来事ですか」─「昔です」、「どれくらい昔ですか」─「昔昔です」、「誰がいましたか」─「おじいさんがいました」、「他に誰かいましたか」─「おばあさんがいました」、「どこのことですか」─「あるところです」、「おじいさんは何をしていましたか」─「芝刈りをしていました」、「どこでしていましたか」─「山です」、「おばあさんは何をしていましたか」─「洗濯をしていました」、「どこでですか」─「川です」、「洗濯をしているとどうなりましたか」─「桃が流れてきました」、「どんな桃ですか」─「大きな桃です」、「どんなふうに流れてきましたか」─「ドンブラコドンブラコと流れてきました」……となります。

　反対尋問には「活かす尋問」と「殺す尋問」があります。どんな証人でもこちらに不利なことばかり言うとは限らず有利なこともあり、それを活かせます。殺「鬼」罪で桃太郎の弁護をして証人青鬼に訊く場合「部屋に金棒がありましたよね」、「1本だけではありませんでしたよね」、「手の届く所にありましたよね」といった流れです。「殺す尋問」とは相手の言うことは嘘だということを示す尋問です。青鬼が「入って来るやいなや刀で切りつけた」証言が嘘ということを導き出す場合、「青鬼と仲良くしてましたよね」、「愛用の金棒はトゲトゲがありましたよね」、「振るって練習してましたよね」といったように訊いて、何も持たずに切り殺されたのは嘘だと弾劾します(「桃太郎」例は後藤貞人弁護士に教わったことを基に筆者が書いています)。

　シナリオ改編の授業では物理的配置と目的意識が大事です。机と椅子がある状態で、グループごとに「島」を形成させます。検察側と弁護側は離し、裁判官・裁判員グループが対角線の真ん中、双方を仲介できる中立に来るような配置にします。教員は机間巡視をしながら生徒の話し合いに耳を傾け、互いを刺

激するように持っていきます。例えば弁護側で良い意見が出たら、それをわざと検察側に聞こえるように伝えたりします。裁判官グループからはこの部分はどうなっているか、双方に質問を投げかけさせたりします。設定を巡って検察側と弁護側で交渉する場面も出てきます。その場合裁判官グループが仲介役をします。鋭い意見が出たり片方に不利な意見が出たら拾い上げながら共有して、生徒の気持ちを高めていきます。グループごとに、この時間何をすべきなのか、授業の終わりに何を完成させるべきなのか、意識させます。また事実と評価を混合して考えてしまうことがよくありますので、注意を促しましょう。「論告」や「弁論」は最終的には明らかになった事実をどう評価するかの問題ですが、事実と評価を分けて考えます。「13尺離れてみていた」のは事実ですが、同じ事実でもそれを「遠い」とするか「近い」とするかは評価の問題になります。同じ事実でも検察と弁護ではその評価の仕方が全く異なるわけです。聴く人に「耳に優しい、聴いてわかる」ことばを選択することです。そういう意味では書きことば・「漢語」ではなく、話しことば・「和語」で、自分の言いやすい表現にします（「〜させて頂く」といった敬語は不要です。丁寧語で十分です）。

　議論が深まるにつれて、生徒が一見繋がりのない事実と事実が繋がって新しい事実を発見したりします。何かと何かが繋がるのではとないかと考える力を「論理的想像力」と名付けています（誰が聞いてもなるほどと思うように考える力を「創造的論理力」と名付けています）が、何かと何かがつながり、新しい事実を推認する力こそ法的思考力に他なりません。

　シナリオの一部を予め削除しておいて、その部分を考えさせる方法を採ったりもします。例えば検察と弁護の3つの主張のうち3つ目の主張の箇所、それに伴う論告と弁論の箇所をカットし、その内容を生徒に考えさせるなどです。具体的な改編箇所についてはシナリオのポイント解説を参考にしてください。

『羅生門』で文学模擬裁判

11 演技

　演技の重要性は「大切なこと」(p. 11)でも述べた通りです。模擬裁判と小説には親和性があり、ことばの上で消化しきれないものを深められる手段として演技があります。シナリオ以上のものをどう表現するか、それを繋ぐのが演技ということです。「誰に向けてことばを発しているのか意識する」、「尋問では２方向に向けて言葉を発する」、「のどを開けた状態で発声する」、「法廷ではなく体育館をイメージして声を出す」、「声を張るのではなく声を届かせる意識で（声を届かせるためには腹式呼吸をして、横隔膜が収縮していることをしっかりイメージするのがコツ)」、「言葉と身体の一致を意識すること」など重要なポイントはどの文学模擬裁判でも変わりません。

　こうした点は現場教員の時、羽鳥三実広氏（「劇団四季」出身、現・大阪音楽大学短期大学部特別教授)から教わったことです。また羽鳥氏から教わったことで次のことばも心に刻まれています。

○ことばが生れるまでにはさまざまな背景がある。演劇でも現実生活でもことばにリアリティを含ませなければならない。
○自分がわかって言っていることが相手に伝わっていると思うな。常に相手に伝わっているかを考える。上手な役者は一心不乱に演じているのではなくて考えながらやっている。

　どの役にせよ、なり切ることが大切です。なり切らなければことばに「命」が籠りません。被告人や証人と自分とはまったく違う人間だと思うかもしれません。その場合、少しでも共通点や共感できる点を探してみることです。どう考えても受け入れられない場合、もしかしたら自分が肯定したくない嫌な所を被告人や証人が持ち合わせている可能性があります。自分を見つめ直す契機になるかもしれません。被告人なら、証人なら、こう質問されたらこう回答するだろうと、頭のてっぺんから足のつま先までなり切れたらしめたものです。

　裁判官役の人は「法廷を支配する権力を持つ者は自分である」という意識と

151

責任感を持つことです。検察官や弁護人役の人はテレビドラマからでもいいので、自分が入りやすい「型」をイメージすることです。裁判傍聴に行けばさまざまな関係者がいますから、「本物」に接することでよりイメージをつくりやすくなるでしょう。裁判傍聴は模擬裁判への取り組む意欲や問題意識に効果をもたらし学びのスイッチが入るので、長期や試験休暇にぜひ傍聴に行くことをお勧めします。開廷表(その日の裁判の予定表)の存在、マナー(最前列は関係者席なので後ろから座る、声を上げて笑って退廷させられた生徒がいた、傘は武器になるので持ち込まないなど)、見方(「新件」、「審理」、「判決」とあって「新件」が一番わかりやすい)など事前に説明しながら、終わってから素朴な疑問はもちろん、法廷にいる人を見て何を思ったのか、裁判を通じて自分の生きる世界や社会にどんな繋がりを感じたのかなど振り返りの交流や感想をすることでより深まり、自身の演じる役にも奥行きが出てきます。被告人役を演じた生徒は傍聴で実際に被告人を見て衝撃を受けたと言います。メディアで見るような黙秘したり、遺族を逆なでするような被告人をイメージしていたところ、実際の裁判で見た被告人は、やってしまったことに素直に反省の弁を述べる普通の人だったからです。それまでは自分と被告人になるような人は違うと思って、境界線を引いて演じようとしていました。しかし傍聴を通じて、自分や周囲にいる人間の延長線上の存在として実感をもって想像できたことが大きかったようです。普段は想いを馳せていなかった「被告人」へ想いを馳せることができ、一気に理解が進んだような感覚だったといいます。

　裁判員であっても自分は国民から選ばれた人間であるという意識を持って演じる必要があります。裁判員裁判も開廷されていますから、見ることでイメージが膨らむでしょう。意識の持ち方次第で、裁判員として質問もスムーズにできるはずです。演技することにこだわる理由は「表現は論理を磨く」という国語科教育の考えに基づきます。頭の中だけ、机の上だけで考え込むのでなく、実際に考えた文(文章)をことばに出すことにより、今まで思いつかなかった考えが浮かんだりします。「感想文が書けない」のではなく「感想文を書かない」から「書けない」のです。表現しないと気づかないことは多くあるということです。

　大学生が模擬裁判に取り組んだ時の「今、証言台にいる人はどんな気持ちな

のか想像していますか。法廷に来ている人は緊張してことばも滑らかに出ない
はずです。そのたどたどしいことばをいかに表現できるか、法廷に立っている
人の思いを想像して優しく包み込むことばを発せられるかです。ただことばを
発するのではなく、発する相手がどんな気持ちでそこに立っているのか考えな
がらことばを発しなければなりません」という舞踊研究者の助言、「人を説得
する方法は２つある。大きな声で、ゆっくりと。これだけ」という石塚伸一
氏（龍谷大学名誉教授・弁護士）の教えも基盤としてあります。

　個人へのアドバイスでもそれがクラス全員で共有できるように意識して、キャ
スト以外も見学した上で指導することで、傍聴する側の目が養われます。決
して演技指導の効果はキャスト個人に留まりません。社会言語学的観点から
（関東の学校なのに）関西弁で挑んだり、昔のことばを使ってバリエーションを持
たせたり、ポケットに手を突っ込み冒頭陳述を行うなどニヒルなキャラをつく
り込んだり、多様な成果が演技指導で生み出されます。

　現時点での仮説として「なり切る」プロセスを示しておきましょう。

①　「なり切る」対象者に関する資料を読み込み、人物像を理解する。

②　その対象者と自分自身のズレ（違和感）を抽出する。

③　対象者の視点で再度資料を読み合わせながらそのズレ（違和感）を修正す
　る。

④　そのズレが納得できない、「ひっかかり」がある場合は無理に頭の中で
　理解しようとしない。

⑤　「ひっかかり」があってもなくても実際に身体を動かして演じてみる
　（「ひっかかり」を感じた時に、自分の思考や仲間との議論の中で「きれいに予定調
　和的」に理解しない。違和感を抱きつつ想像しながら身体を使って演じて考える）。

⑥　法廷でどんな対象者を演じるか戦略（方針）を立てる。

⑦　立てた上で、さらに身体的に演じる。

⑧　なり切った状態になったと感じても、常に客観的に見ている自分を意識
　して、対象者と自分を行き来しながら演じる。

　大学で行った時、下人を演じた学生は意識して右の頬のにきびを何度も触る
仕草をしていました。ある高校での証人の老婆役は演じるにあたり「一番苦労

153

したことは、下人の人間性を傷つけないこと」だとし、「証人や検察官が法廷
に立つ意味というのは、被害者を守るためであり、それは下人を傷つけてもい
いという理由にはならない、なってはいけないと思い(中略)鋭い視点からの意
見を下人に投げかけつつも、決してその言葉が刺々しいものにならないように
するには、どんな言葉を選びとってどんな声色で伝えればいいのか、というの
は自分の中にずっとありました。感じ方は人それぞれだからこそ、それを推し
量るのはすごく難しかったし、他者の気持ちを考えることの大切さを感じまし
た」と振り返ります。

　裁判官や裁判員役も気持ち次第でその演技は迫真性を持ちます。裁判長役は
「裁判長の一言によって一人の人生の行く末が決まってしまうので、人一倍責
任を持って取り組んだ。中でも一言一言の重みが大きい裁判長の台詞をどのよ
うにして相手に分かりやすく伝えることができるかを常に意識していた」とし、
「黙秘権の告知」の際には「学のない下人に対して正確に伝えられるよう、内
容が難しいところや大事なところはあえてゆっくりと話す工夫をした」と言い
ます。右陪席役の生徒も「裁判官の態度で雰囲気は変わると思っていたので、
威厳のある堂々とした裁判官になれるよう喋り方や声の大きさ、姿勢も意識
し」、評議では話がそれていって判決までたどりつかない気配がした時に前に
出て仕切るかどうか悩みつつ「今日の私は裁判官だ」と思うことで、勇気が出
て話を切り出せ意見が多く出るようになり判決も無事出せた、と振り返ります。

　ある裁判員役は「検察官や弁護士、下人や老婆と比べると『演じる』という
要素は少なかった」かもしれない代わりに、素直に聞くことに徹することで、
生まれた疑問点を積極的に皆に伝えることを意識して取り組んだそうです。
「下人の一生を決めると思うと、責任が重くのしかかってきた」のですが、「こ
の責任感は判決を考える上で失ってはならないものだ」と思ったからこそ「下
人の細かい行動にも目を向けてそこから浮かび上がってくる下人の気持ち」が
理解できたといいます。

154

『羅生門』で文学模擬裁判

12 模擬裁判本番　評議・判決・振り返り

本番の『羅生門』裁判の流れの一例(90分の場合)を示しておきます。

進行時間	担当	手続	所要時間
[場面1]			
0：00	裁判官	開廷、冒頭手続(検察官による公訴事実含む)	5分
[場面2]			
0：05	検察官	冒頭陳述(これから検察官が証明しようとする内容)	3分
0：08	弁護人	冒頭陳述(弁護人から見た事件のストーリー)	3分
0：11	裁判官	証拠採否決定	2分
[場面3]			
0：13	検察官	老婆(甲子兼)への主尋問	7分
0：20	弁護人	老婆(甲子兼)への反対尋問	7分
[場面4]			
0：27	弁護士	下人(次郎)への主質問	8分
0：35	検察官	下人(次郎)への反対質問	8分
0：43	双　方	論告・弁論検討時間	3分
[場面5]			
0：46	検察官	論告・求刑	5分
0：51	弁護人	弁論	5分
0：56	被告人	最終陳述	1分
0：57		(別室移動)	3分
1：00	裁G	評議、他グループ振り返り	20分
[場面6]			
1：20	裁判官	判決	5分
1：25	生徒・ゲスト	ゲストからの講評、生徒の振り返り	5分
1：30	担当教員	終わりのことば	

羅生門

155

評議は別室で裁判体（３名の裁判官・６名の裁判員）が行います。授業では裁判長が司会をすることが多いですが、必ずしも裁判長が行うルールはありませんので陪席裁判官が行ってもかまいません。９名全員の発言量が同じになるのが理想です。サイレントパートナーは不要です。サポート役として法曹か教員が１名いればベターです。原則議論は生徒たちに任せます。その場合事実は何か、ということを確認しながら議論を進めます。やりとりから資料にない新たな事実が現れた場合は、それもあわせて考える必要があります。議論する際のルールは２点です。①議論は乗り降り自由（自分の意見に固執せず、良い意見だと思ったら意見を変えても差し支えない）。②議論の下の平等（議論する者同士は皆平等。人格の攻撃はご法度だが、意見を戦わせることは自由。議論が終わればノーサイド）。

　最終的には全員一致がベストですが、時間が足りない場合は多数決もやむを得ません。その場合は裁判員裁判のルールに則り多数決を行います（有罪の判断には、裁判官・裁判員の各々１名以上を含む過半数の賛成が必要。これで有罪とならない場合は無罪）。判決文はプロの文体を真似する必要はありません。まず結論を述べてその結論とするに至った理由を３つ述べます。「ルールオブスリーの原則」です。この世のありとあらゆるものはどんな複雑なものであっても３つに集約できます。ただ理由は１つや２つでは弱いのです。「鼎^{かなえ}」という容器は足が３本あるから安定しています。「３」は安定を意味します。４つ以上は多過ぎです。いくらでも理由があるからといってすべて言われても頭の中に入ってきません。「３」なら入ってきます。もしホームルームで担任が「皆さんには９つ約束してほしいことがある」と言われたら聞く気になるでしょうか。でも「３つ約束してほしいことがある」といわれたら聞こうという気持ちになるでしょう。人を説得するには「３」というのが一番強くて安定するのです。プライマリー効果、エフェクトリー効果といって人は最初と最後のことが記憶に残ります。３つの理由のうち、一番重要な理由を最初に、二番目に重要な理由を最後に、重要度の最も低い理由を真ん中に据えて述べます。難しい法律用語は一切必要ありません。主人公である被告人が聞いてわかることばで判決文を作ることが大事です。

　裁判体が評議を行う間、法廷ではキャストや傍聴人で振り返りを行います。傍聴人グループはあらかじめ分けておいたグループごとに考えた判決とその理

由を発表します。その場合ミニホワイトボードがあれば便利です。司法記者は
裁判の記事を書く場合、どんな内容にするのか、もし見出しをつけるとしたら
どんな見出しになるのか発表します。速記官、書記官はシナリオとは違う点に
ついて発表して、廷吏を含めてそれぞれの目線から見た裁判の感想を語ります。
そして被告人、証人、検察官、弁護人はそれぞれなり切れたのかどうか、尋問
質問での反省(こうすればよかった等)、やってみての思いを将棋の感想戦のよう
に語ります。振り返りは「やって終わり」ではなく学びを総括するためにも必
要な営みです。また実際に振り返ることで、あの時はこういう気持ちだった、
などさまざまな思いが吐露されて、盛り上がります。

　評議終了後、直ちに再廷し判決を言い渡します。判決を言い渡した後、有罪
の場合、説諭といって裁判長が被告人に説教的な内容を述べますが、被告人を
見て語りかけることが大事です(説諭には裁判長役の生徒の個性が現れるので、模擬
裁判ではあえて無罪でも説諭を述べさせたりもします)。

　振り返りは話しことばだけでなく、書きことばでまとめることでより深く考
えることができます。各文学作品は現代社会にも関わってくるさまざまなテー
マを含んでいます。『高瀬舟』であれば「安楽死」、『羅生門』であれば「社会
的孤立」、『こころ』であれば「人間存在」など、文学模擬裁判を通じて深めた
学びをもとに再度原作を読み返すことで、人間や社会について新たな気づきが
生まれるはずです。

　さまざまな学校で『羅生門』裁判を実施してきましたが、オンラインの時被
告人が黙秘権を行使したり、弁護団が続けざまに検察に意義を出して白熱した
こともありました。

　評議の結果も懲役5年の実刑、懲役2年10月執行猶予5年、懲役3年執
行猶予5年などさまざまです。実刑になった時の弁護人役の生徒が「自分が
関わった人が有罪になってしまい力不足を感じる。これが本当だったら、この
一件で自分は病んでしまったと思う」と振り返るなど、被告人の立場に思いを
馳せたりします。

　評議の際には更生の可能性として被告人が納得する手段を示す必要がありま
すが、優しい裁判だったなと印象に残った高校の様子を紹介しておきましょう。
裁判体の判決は検察の求刑懲役3年に対して、懲役2年4ヵ月、執行猶予3

年でした。判決文は「懲役２年４ヶ月　執行猶予３年　緊急避難が成立する４条件のうち、２つ目と３つ目が認められない。着物を奪った行為は生き残るためではなく、正義感を示すためであったからである。執行猶予をつけた理由は、鳴尾さんはまだ若くて更生の余地があるという状況を考慮しためである。また、鳴尾さんの反省の意を尊重した」という内容でした。注目すべきは判決に至る評議の中身でした。当初は多数決の結果、執行猶予は付けない結論が過半数を占めたといいます。

　しかしある裁判員役の生徒は「執行猶予をつけるかどうかの多数決を取ると、つけない方が過半数を占めた。しかし私はつけるべきだと思った。私は意見を言うのが苦手なので、多数決で決まったことに自分のつけるべきだという意見と理由を言うことに苦労した。しかし私の意見が最終的に通って嬉しかった。また札埜先生が『判決は下人の一生を決めるものだ』とおっしゃったのを思い出して、正しい判決とは何か、下人が人生をやり直すためにはどうすれば良いか考えることにも苦労した」と記していました。この時の模様は評議を指導下さった弁護士のブログに詳しく報告されています。

　「生徒さんたちに感心したのがこの３点です。１つ目は、事実経過を整理していくという話になったものの、どう進めていいかわからなくなった時に、１人の裁判官役の子の『まずは争いがない事実から確認していこう』という発言です。これで一気に評議が進み事実の確認ができていきました。２つ目は、緊急避難の４要件を検討しているときに、１人の子が『本当に飢え死にしないためなら着物ではなく、髪の毛を奪うはずだし、自分の正義のためにやったから、緊急避難は成立しないんじゃないか』と指摘したことです。これで皆さん、なるほど！となって緊急避難も過剰避難も否定されることになりました。３つ目は、緊急避難などが成立しないこととなり、そのままでは懲役刑となる議論の流れの中で、１人の子が『被告人の生い立ちとか、動機を考えたらもっと軽くしてもいいのではないか』と指摘したことです。被告人を懲役刑にして刑務所に入れるべきかという具体的なイメージが共有され、これで一気に評議の流れも変わり、最終的に執行猶予となりました。（中略）被告人を懲役にするのか、執行猶予にするのかという点でも、しっかりと人の人生を決める重みを感じて考えてくれました。素晴らしい想像力でした」（松田昌明「文学模擬裁判『羅生門』、

https://www.kobengoshi.com/bengoblog/log/　2022年6月28日)。

　この高校の生徒たちは、裁判を単に刑罰を与える場ではなく、主人公である被告人の更生や社会を変えていく場として捉えていました。説諭について、裁判長役の生徒は苦労したようですが、台本がないからこそ、自分の思いを素直に伝えればいいと思い至り「身寄りもおらず、15年間懸命に働いてきた鳴尾さんにとって、甲子さんとの出会いはどこか新鮮なものだったのではないでしょうか。教養を受ける機会がなかったあなたは、内容は定かではありませんが、甲子さんの悪い論理を聞き、それに納得し、素直に従ったために、今回の事件を起こしました。この3年間に、あなたは様々な境遇にいる人たちと出会うでしょう。そこで、たくさんのことを学んで、あなたらしい生き方、そしてあなたにとっての本当の正義感を見つけていって下さい」といった内容の説諭を述べました。ここからは下人の更生を信じる気持ちが伝わってきます。「犯罪を犯した人は全員理由なく悪い」という考えを持っていた右陪席役生徒は裁判を通じて「被告人には被告人なりの思いや事情があり、唯々精一杯生きようとしていただけ」と気づき「生きるための術が罪を犯すような行為しか残っていないような彼を野放しにしない、国の制度も必要で、彼だけの責任ではないような気がする。彼のような人が生まれない社会づくりをしてからこそ、彼の責任と言える」と、個人の責任よりもまず社会の責任を問うべきだという主張を持つようになりました。

　ある裁判員役の生徒は「執行猶予は下人への同情、期待、応援です。下人が懲役や禁固に相当する罪を犯さなかったからつけたというわけではありません。下人の立場に立って判決をすることが裁判の優しさだと思います。上辺の行動だけ見ていても優しい裁判はできません。そんな裁判は只々人を裁くだけの裁判です。大切なことは人を裁いて終わりにするのではなく、それからのことまで想像力を働かせることです。裁判は悪いことをした人が裁かれる場所ではなく、皆が社会で幸せに過ごしていくための場所だ」と述べ、「人はそれぞれ正義感を持つが一人一人のそれは異なり、全体で見ると自分勝手である」ゆえ「裁判という場所で皆が幸せに過ごしていくためにはどんな正義感が必要なのかを話し合うことが大切だ」と考えました。また別の裁判員役の生徒は「執行猶予がついたおかげで就職しやすくなって社会に貢献できるかもしれないから、

その可能性を見つけ出すのも裁判員の大事な仕事だ」という認識に至っています。更生を第一に考えられた判決文の内容は被告人に止まらず、社会に対して影響力を持つ点からも、裁判体の生徒たちには世の中を変えていこうという意識の芽生えがありました。被告人のその後を想像できるからこそ、最終的に執行猶予をつけられたといえます。「判決の時、下人の姿を見て、有罪という判決に悲しそうに見えました。いたたまれない気持ちになりました。有罪という判決をしたけれど、下人の行為を全て否定したわけでも、まして人間性などは全く否定していないと伝えたくなりました」という感想は、想像力の豊かさを示しており、「優しい裁判」を象徴していました。

コラム　後藤貞人弁護士「弁護人の役割とは何か」

（プロフィール）　日本を代表する刑事弁護人で、勝ち取った無罪判決は約30件。2010年4月、21年ぶりに最高裁が事実誤認ありとして1審の無期懲役と2審の死刑判決を破棄し大阪地裁に審理を差し戻した大阪市母子殺害放火事件、91人の証人が出廷した福岡の工藤会裁判など社会的注目を浴びた裁判を数々担当。「後藤でダメならあきらめろ」と言われるほど、無罪を主張する被疑者にとって駆け込み寺のような存在である。

職業裁判官はほとんど有罪の被告人ばかりを見ていて、どうしても偏見を持ってしまいます。ですから、裁判員裁判の方が裁判官裁判よりも優れた判決を出す場合が少なくないと思っています。同居の親族が14歳の女子を強姦した事件を担当したことがあります。1、2審とも懲役12年。6年後に再審無罪になりました。20歳になった被害者が、あの話は嘘でした、と申し出たのです。再審無罪となりました。裁判官は「弱冠14歳の少女がありもしない被害をでっちあげるわけがない」と有罪判決で述べていたのです。「俺は間違わない」という裁判官が圧倒的に多い。だから怖いんです。

これまで沢山のヤクザの弁護をしました。弁護士になった当初は、ヤクザの弁護はやりたくないと思っていました。ボスは佐々木哲蔵という人でヤクザの弁護も引き受けていました。やがて私も少しずつやるようになりました。はじめはあまり積極的ではなかったです。しかし、そのうちヤクザの事件が違法捜査の最前線だとわかってきました。警察官が逮捕したヤクザを殴る、蹴るは当たり前のように行われていました。国家権力とヤクザでは物凄い力の差があるんです。無実なのに「私は悪いことをしてきたから、この事件はやってないけど刑務所行きますわ」というヤクザもいました。そのうちに弁護人の役目は何か、考えるようになりました。ヤクザや極悪非道の人を国家が踏み潰そうとする時、「国家の足のここが汚れている」「その足ストップ」と依頼人のために必死で言うことなんだ、依頼人が誰であれ、人間である限り弁護に全力を尽くさなければと思うようになってきたのです。市民の敵は適当に弁護しておけばいいとする社会を望むのか。世界中が非難し、親兄弟も見放した極悪人であろうと、依頼人のために戦う役目を担う弁護人のいる社会こそが、望ましい社会ではないか。そのような考えで刑事弁護人をやっていると、依頼人がヤクザか否やや事件が悲惨かどうかで弁護の姿勢を切り替えるといったことは自然と無くなってきます。

さて、裁判とは検察官が起訴状に書いた犯罪事実が合理的な疑いを越えて証明されているかを提出証拠に照らして判断する場です。真実を明らかにする場ではありません。被告人に感銘を与えて真人間にする場でもありません。裁判官の中には担当した被告人が立ち直ってくれることがやりがいだという人がいます。私は反対です。それは刑務所の仕事であり社会の仕事です。裁判官は事実認定と量刑を誤らな

いことこそが仕事です。裁判の役割は社会を守ることだと言う人もいます。私は反対です。それは警察の仕事です。それぞれの役割を全力で果たすことが社会の基盤だと思うのです。

　現実の裁判は裁判官、検察官、弁護人がそれぞれの役割を果たして正しい結論を導いているかです。『孫子』に「彼を知り己を知れば百戦して危うからず」という有名なことばがあります。検察官を知り自分の力量を知っているつもりですが、我が戦績は 100 戦 99 敗です。無罪であるべきなのに救えなかった人が 100 人中 99 人いる。普通思われている以上に冤罪はあります。木谷明という有名な裁判官は 30 件くらいの無罪判決を出しておられます。判決は上訴審で 1 件も破られていない。無罪となるような事件を選んで木谷裁判官に配点されたのか？そんなことはできません。配点は機械的です。どの裁判官にも一定頻度で無罪となるべき事件が割り当てられているはずです。ところが、無罪判決を出したことのない裁判官もいるのです。沢山の無罪事件が見逃されていることを意味します。弁護人がベストを尽くしても、否認事件のおよそ 2% しか無罪になりません。それでも、多くの弁護人が依頼人のために頑張り続けています。

　被告人との関係性ですが、弁護人が被告人を信じることは重要ではありません。信じないと弁護できないというものではありません。証拠と法律にあてはめて合理的な疑いが残れば無罪とすべきなのです。我々は神ではない。依頼人が真犯人かどうかより、被告人が適正な裁判を受けているかこそが問題なのです。信頼は大事です。でもそれまで見ず知らずの依頼人を信頼しろということではありません。必要なのは「この弁護士はちゃんと弁護してくれる」という依頼人からの信頼を得ることであって、弁護人が依頼人を信頼することではないのです。ただし依頼人の言うことに受容的でなければ、弁護がうまくいかないことが多いです。依頼人が嘘をついていると思っていても、しばらくの間はウンウンと頷いていればいいのです。頭ごなしに嘘と決めつけるのは依頼人の心を閉ざさせます。

　犯罪の温床の一つは貧困です。依頼人のほとんどは貧しさの中で育った人々です。貧困は無教養と隣り合わせです。依頼人の多くは論理的な説明が苦手で、受け答えが拙いし、語彙力もありません。ところが、捜査官や裁判官に対して十分説明ができたか否かで罪の軽重に影響が出ることもあります。有罪無罪が決まることだってあります。ことばの力で人生が変わってくる。無実でも、そのことを説明できない人はいっぱいいます。検察官と議論したら絶対負けます。「未必の故意」なんて、理詰めで追及されると知らない間に立派な自白調書ができ上がってしまいます。

　改めて、なぜヤクザや極悪非道の奴らの弁護をするのか。それは、どのような犯罪を犯した悪人にも、自分を防御する権利があるからです。そのために弁護人が必要だからです。そのような弁護人がいる社会こそが人間の尊厳が守られる社会だからです。「自分の言い分を伝えたい」という声を封殺するような社会は、人間の尊厳が守られる社会ではないのです。

『こころ』で
文学模擬裁判

『こころ』の作者は言わずと知れた夏目漱石です。学習指導要領の改訂前は高校2年生の「現代文」で扱われていましたが、新課程では主に「文学国語」に収録されています。高等学校の国語の教科書では、長く採用されていて、高校生なら触れる機会のある作品です。

1 『こころ』について

　『こころ』は，夏目漱石が1914年(大正3年)4月20日から8月11日まで朝日新聞に『心　先生の遺書』として連載した新聞小説でした(100年後の2014年4月20日から朝日新聞で復刻、再連載されました)。同年9月に岩波書店(創業大正2年)初の小説として出版され，『彼岸過迄』・『行人』に続く後期三部作の1つです。

2 『こころ』ゆかりの舞台について

　漱石は1867年(慶応3年)に現在の新宿区喜久井町で生まれました。そして、新宿区早稲田南町7番地が49歳で亡くなった漱石終焉の地になります。ここには1907年(明治40年)9月29日から、亡くなる1916年(大正5年)12月9日まで暮らした通称「漱石山房」がありました。木造平屋の和洋折衷の建築で、洋間二間を書斎・客間として使用していました。ここで『こころ』を始め『坑夫』・『三四郎』・『それから』・『門』・『道草』などを書き上げました。山房は1945年(昭和20年)5月25日の空襲で焼失し、その後都営アパートになりましたが、今は漱石公園と新宿区立漱石山房記念館になっています。漱石没後の1919年(大正8年)、『吾輩は猫である』のモデルである福猫の13回忌にあたって、庭に建てられた供養塔の猫塚(再建)が漱石公園にあります。『彼岸過迄』に描かれた芭蕉が、漱石山房記念館に植えられています。

①：漱石山房記念館　　②：新宿区立漱石公園(漱石旧居跡)　　③：漱石公園内の猫塚

『こころ』の舞台には、鎌倉や房総なども出てきますが、主に近代の東京を舞台に物語は展開していきます。「私」が廻った本郷の東京大学、神田神保町、万世橋、神田明神、明神の坂、竜岡町、無縁坂、不忍池、上野公園など、現在でもたどって歩くことができます。

　ところで小森(2020)によれば、「私」も「奥さん」も「利子生活者」であるということです。1895 年(明治 28 年)に日清戦争が終わり、その 3 年後に施行された明治民法により長男が全て相続し女性が家督相続権を失う中で、「日清戦争の前後でなければあり得ない遺産相続の問題と結びついて」(小森、2020、p. 78)いると述べています。明治民法ができる前に、未亡人の軍人の「奥さん」は市ヶ谷の屋敷を処分して小石川の家に移ることができたのであり、利子で生活できる「私」は都合のよい存在だったと論じています。後述で家の間取りをもとに検証する授業を説明していますが、染井(2018)は『こころ』を間取りで読んだユニークな書です。「私」と「K」は今でいう 8 畳と 4 畳のルームシェアであり、友情と恋の不穏さは間取りの使い方の失敗によると論じています。

④：神田万世橋

⑤：明神坂から神田明神

⑥：東京大学図書館

⑦：無縁坂から上野不忍池

3 争点と法律の説明

　争点は「私(先生)」の言動が「K」を自殺に追い込むことになったのかどうか、つまり自殺教唆罪にあたるかどうかです。自殺教唆とはもともと自殺の意思がない人に、自身の存在価値がないと思わせ、自殺の意思を起こさせることです。そそのかして自殺させることは、人殺しと同じです。「私」は「K」が自殺することを認識しながら(または自殺しても良いと考え)、「精神的に向上心のない者は馬鹿だ」と発言し、さらに抜け駆け的に婚約をし、その結果「K」が自殺したといえるかが問題になります。精神的にダメージを与える言動なので、いつ何を言って何をしたか具体的にしていく必要があります。2 人の関係を立証していき、一般的に本当にその言動が引き金になるのかどうか、検討しなければなりません。1 つの行動では引き金にならないのです。行為を列挙していくことになります。「死んでくれないか」、「死んでしまえ」といった殺意の箇所がどこから読み取れるかがポイントです。

　刑法(明治 40 年法律第 45 号)で関係する条文は第 202 条です。

第 202 条　【自殺関与及び同意殺人】

　人を教唆し若しくは幇助して自殺させ、又は人をその嘱託を受け若しくはその承諾を得て殺した者は、6 月以上 7 年以下の懲役又は禁錮に処する。

　刑法は自殺を罰していませんが、この条文では自殺関与罪とも呼ばれ、人を教唆して(そそのかして)自殺させる自殺教唆罪、人を幇助して(やりやすくして)自殺させる自殺幇助罪、人の嘱託を受けて(頼まれて)その人を殺害する嘱託殺人罪、人の承諾を得て(同意をもらって)その人を殺害する承諾殺人罪(同意殺人罪)の 4 つが含まれます。処罰は 6 ヶ月以上 7 年以下の懲役又は禁錮です。

＊2022 年 6 月、刑法等の一部を改正する法律が成立し、改正前の懲役刑・禁錮刑が「拘禁刑」に一本化されました。処せられた者には、改善更生を図るため必要な作業を行わせ、または必要な指導を行うことができるとされています。施行日は 2025 年(令和 7 年)6 月 1 日からになります。

166

『こころ』で文学模擬裁判

4 翻 案

　『こころ』は「私」の視点から描かれている一人称小説です。裁判化するにあたり「私」から見たことすべてを事実とするわけにはいきません。自殺した「K」の内面も「私」の考えた推論により書かれています。作品では「K」というイニシャルしかわからず、名前がありません。それは「私」も同じです。奥さんだけ、殉死した乃木希典の妻(静子)と同じ漢字を使い「静」という名になっています(漱石自ら工夫して、初版本の装丁に荀子『解蔽篇』を使っていることから、この書のキーワードとなる「静」が由来との説もあります)。

　今回の模擬裁判のシナリオでは、下宿先の苗字を「里見」とし、奥さんを「都子」、Kについては、モデルとされる候補の1人である教育者・宗教家である清沢満之の名前を「きよさわみつゆき」と変えて登場させました。「私」は「鎌倉先生」と命名しました。

　また、作品ではK自身、養家と縁を切っている状態なのですが、実家の父や兄、姉、養家の父を登場させて形見分けを行うという設定です。物証が何もない状態だからです。早くから母を亡くし、Kにとっては生前母親のように慕っていた、姉(姉の苗字は「上宮」としました)が1冊のノート、いわゆる生前の日記を受け取ったことにしています。「精神的に向上心のない者は馬鹿だ」といった小説で重要な場面が、日記に確実に書かれているとします。

　日記は一旦「私」に返却されたものの、「恋」という道に外れた時点で死ぬべきだったと、Kが考えていたのだと「私」が読み取ったことから、Kの名誉のためにも「私」が焼却したけれども、姉が気になる日記の箇所だけ、薄紙を置いて被害者の筆跡をなぞるようにして写しを10枚ほど取って保存していたとしました。物証として何もない状態では裁判にならないので、それは被害者の筆跡と判断され、証拠として採用された扱いにしています。

167

5 事件発生から起訴まで

　明治 34 年 1 月 20 日未明、東京都文京区小石川 3 丁目にある学生下宿において、清沢満之という第一高等学校の学生が、頸動脈を切って自殺した。現場の机の上には遺書が残されていた。第一発見者は同じ下宿で隣部屋に住む鎌倉先生という同級生の友人であった。鎌倉は下宿先の大家に勧められて、自ら出頭してきたので、警察のほうでも事情を聴取したが、事件性はないものとみなし、その時はすぐに聴取を終了した。葬儀を終えて、清沢の実家の父や兄、姉、養家の父らが部屋を整理整頓して形見分けを行った。姉上宮和子は 1 冊のノートを受け取った。中身を見ると、それは被害者が生前綴っていた日記であった。そこには日々の事実と短い感想だけが淡々と記されていた。早くから母を亡くし、生前母親のように慕われていた和子は、日記を丁寧に読み進めていくうちに、彼の自殺には友人である鎌倉が関わっていることに気づいた。そして確かに鎌倉は満之を殺してはいないが、満之が下宿先のお嬢さんである静を好きだったことを知りながら、満之に精神的ダメージを与える言葉を投げかけたこと、抜け駆けして結婚を決めたことなどが、満之を自殺に追いやったのだという確信を持つに至った。ただその日記は冊数が 50 冊ほどあったので、「一旦こちらで保管しておきますよ」という鎌倉の言葉に甘えて、すぐに持ち帰ることをせずに新潟に戻った。再度取りに行くために上京すると、既に焼却したという。理由は、残しておくと本人にとって「恥」になるからだということだった。納得のいかない和子はその後まもなく新潟県警に相談に行った。彼女は気になる日記の箇所だけ、薄紙を置いて被害者の筆跡をなぞるようにして写しを 10 枚ほど取って保存していたのである（これは確かに被害者の筆跡であると判断され、証拠として採用された）。

　こうして、この事件は検察官から東京地方裁判所に起訴状が提出され、公訴が提起された。検察官は鎌倉が満之に自殺を実行する意志を起こさせたということから「自殺教唆罪」を主張し、弁護人は満之の自殺に鎌倉は全くかかわりがないとして「無罪」を主張した。

『こころ』で文学模擬裁判

起訴状

令和6年検第1222号

起　訴　状

令和6年1月31日

東京地方裁判所　　　殿

東京地方検察庁
検察官検事　早田　慶大

下記被告事件につき公訴を提起する。

記

本　籍　新潟県三条市本町2丁目1番50号
住　所　東京都文京区小石川3丁目14番1号
職　業　無職(高等遊民)
　　　　鎌倉　先生(27歳)明治8年7月8日生

公訴事実

被告人は明治33年春先頃から、被害者・清沢満之が、好意を抱いていた下宿先の家主である里見都子の長女・里見静(現在の被告人の妻)と話をする姿を見かけるたびに交際に至るのではないかと危機感を覚え始め、明治34年1月5日には被害者が恋心を抱いていることを知りながらも、自身の恋を守るために、1月8日上野公園にて被害者がどうなってもいいと思って「精神的に向上心のない者は馬鹿だ」という被告人が以前被害者から言われて自身が傷つけられたことばを述べて、更に1月15日には抜け駆けして婚約するなど、多くの精神的苦痛を被告人に与え、自殺を実行する意志を起こさせ、明治34年(1902年)1月20日未明、東京都文京区にある下宿先の自室において被害者を小型ナイフで頸動脈を切らしめ、失血死による自殺に追い込んだものである。

罪名及び罰条

自殺教唆罪。刑法第202条。

169

6 シナリオ・公判の流れ

＊シナリオに出てくる公判
手続や「1. 開廷宣言」
などの見出しを述べる必
要はありません。

公判手続
  …❶

[場面 1]…❷

1. 開廷宣言

裁判長　それでは、被告人鎌倉先生に対する殺人事件の審理のために開廷し
　　　　ます。…❸

2. 冒頭手続

[人定質問]…❹

裁判長　被告人、証言台のところへ立って下さい。名前は？

被告人　鎌倉先生です。

裁判長　生年月日は。

被告人　明治 8 年 7 月 8 日です。

裁判長　職業は。

被告人　高等遊民、といいますか、無職です。

裁判長　何で生計をたてていますか。

被告人　公債の利子で生活しています。

裁判長　住所は。

被告人　東京都文京区小石川 3 丁目 14 番 1 号です。

裁判長　本籍は。

被告人　新潟県三条市本町 2 丁目 1 番 50 号です。

裁判長　では、検察官に起訴状を朗読してもらいますので、そこで聞いてい
　　　　て下さい。

[起訴状朗読]…❺❻

裁判長　検察官、どうぞ。

検察官　公訴事実（❼）。罪被告人は明治 33 年春先頃から、被害者・清沢満
　　　　之が、好意を抱いていた下宿先の家主である里見都子の長女・里見
　　　　静と話をする姿を見かけるたびに交際に至るのではないかと危機感
　　　　を覚え始め、明治 34 年 1 月 5 日には被害者が恋心を抱いている

170

『こころ』で文学模擬裁判

●ポイント解説　（用語や注釈、演技のポイントを確認しましょう）

（★がついた解説はシナリオ改編のヒントとなるものです）

❶ 「公判手続」は起訴された刑事事件のために法廷を開いて審理することです。冒頭手続・証拠調べ手続・弁論手続・判決の4段階で進行します。

❷ ここからは、各人が役になって演じていきます。演じる際は何を伝えたいのか、伝えるためにはどうすればよいのか、常に考えながらことばを発することが大事です。プレゼンテーションとは聞き手へのプレゼントです。頭のてっぺんから足の爪先まで徹頭徹尾相手のために伝える意識を持ってことばを発しなければなりません。

❸ 「審理」とは事実関係や法的関係を明らかにする取調べのことです。裁判長の第一声は大事です。教室ではなく「体育館」だと思って体育館の後ろの席まで声を届かせるイメージで発声します。発声の際、ついつい原稿のある手元を見がちですが、できるだけ下を向かずに、地面に水平に声を飛ばします。声が下向きだと相手に届きません。できるだけ台本は目の高さ近くにもって来るようにしましょう。机に置いて読んではいけません。
裁判長には、裁判員への説示、訴訟指揮、法廷の秩序維持などの責任と権限が与えられています。裁判長役になった人は、自身の「コート」という意識で威厳を持ってふるまいましょう。右陪席は、裁判長より若い判事、左陪席はキャリア5年以下の判事補が当たっているようです。陪席には前述の権限はありません。

❹ 人定質問は人違い（別人が裁判を受けること）を避けるために行います。過去に人違いだった例が起こっています。

❺ 起訴状には被告人の氏名、何をしたのか、何の犯罪にあたるのか、罪名などが記載されています。記載された公訴事実のみが審理の対象となります。

❻ 起訴状朗読の際、間を空けずにスッと立って読み始めることがポイントです。スムーズに流れを切らずに読むことです。読み間違ってもそのまま気にせずに読むことです。裁判は止まってはいけません。一番強調したいことは何か考えて読みましょう。声の強弱・高低・緩急・抑揚、間のとり方など方法は多様です。

❼ 公訴事実は審理の対象であり、被告人の防御の対象を明確にする役割があります。書かれていない犯罪事実は審理の対象外です。

171

ことを知りながらも、自身の恋を守るために、1月8日上野公園にて被害者がどうなってもいいと思って「精神的に向上心のない者は馬鹿だ」という被告人が以前被害者から言われて自身が傷つけられたことばを述べて、更に1月15日には抜け駆けして婚約するなど、多くの精神的苦痛を被告人に与え、自殺を実行する意志を起こさせ、明治34年(1902年)1月20日未明、東京都文京区にある下宿先の自室において被害者を小型ナイフで頸動脈を切らしめ、失血死による自殺に追い込んだものである。罪名及び罰条 自殺教唆罪。刑法第202条。…❽

[黙秘権の告知]…❾

裁判長　これから、今、朗読された事実について審理を行いますが、審理を始めるにあたって、被告人に注意しておきます。被告人には黙秘権があります。黙秘権とは、言いたくないことを言わなくていい権利です。したがって、被告人は答えたくない質問に対しては、答えないこともできますし、また、始めから終わりまで黙っていることもできます。質問に答えた場合、被告人がこの法廷で述べたことは、被告人に有利不利を問わず、証拠として用いられることがありますから、よく考えて答えるようにして下さい。

[被告人の陳述及び弁護人の意見陳述]…❿

裁判長　今、読まれた事実について、何か述べることがありますか。

被告人　私は確かに、友人の清沢満之君にひどいことをしましたが、自殺させようとは一切思っていませんでした。決して殺意を持ってやったわけではありませんし、まさか死ぬなどとは思いもよりませんでした。私の言動と清沢君の自殺は関係ありません。

裁判長　弁護人のご意見はいかがですか。

弁護人　鎌倉さんは清沢さんの自殺に全く無関係です。無罪です。…⓫

172

『こころ』で文学模擬裁判

●ポイント解説　（用語や注釈、演技のポイントを確認しましょう）

（★がついた解説はシナリオ改編のヒントとなるものです）

❽　刑法第 202 条　人を教唆し若しくは幇助して自殺させ、又は人をその嘱託を受け若
　　しくはその承諾を得て殺した者は、6 月以上 7 年以下の懲役又は禁
　　錮に処する。

❾　被告人の生い立ちによっては「黙秘権」と言われてもピンと来ない場合もあるでしょ
　　う。最後まで国家に対して防衛権を尽くすという被告人の権利行使を保障するための
　　権利です (p. 17-18 参照)。形式的にならず、相手の境遇を思い測りながら、具体的
　　に内容を説明しましょう。

❿　意見陳述とは、起訴状朗読後、被告人・弁護人が公訴事実を認めるか、否認するか意
　　見を述べることです。罪状認否ともいいます。弁護人は専門家ではない被告人に代わ
　　って、整理して内容を述べます。

⓫　最後の一文は弁護人として一番言いたいことです。このセリフは紙を持たずに裁判官
　　のほうを向いて述べて下さい。紙を持って言うのとペーパーレスで相手の目を見て言
　　うのとでは伝わり方が違います。

こころ

173

［場面2］

3. 証拠調べ手続…⓬

［検察官冒頭陳述］…⓭

裁判長 証拠調べに入ります。今から、検察官に冒頭陳述をしてもらいますので、横に座って聴いていて下さい。（被告人が座ったのを確認して）検察官、どうぞ。　　　　　　　　　　　　　　　　こころ資料

検察官 検察官が証拠により証明しようとする事実は、次の通りであります。
⓮

第1　身上経歴等

　　被告人は明治8年新潟県に生まれ、19歳の頃に両親を亡くしました。両親の存命時から東京へ進学することになった被告人は、第一高等学校に入学します。家は資産家であったので、被告人の叔父がその資産を管理する形で、経済的に援助を受けました。ところが従妹との結婚を無理やり勧められたこともあって不審に思った被告人は、叔父が両親の残した財産を誤魔化していたことに気づきます。そこで叔父夫婦を始めとする新潟の親戚とは縁を切ることになりました。この出来事を機に下宿を出た被告人は、明治31年9月小石川の伝通院近くの里見家に転居し、2間を借りて住むようになりました。

第2　犯行に至る経緯、犯行状況等

　　里見家に下宿生として住むようになった被告人はやがて里見家の一人娘である里見静さんに思いを寄せるようになります。その後、被告人と同郷である昔からの友人の清沢満之さんが実家や養家からも仕送りを絶たれ、困窮している状況を見かねて、明治32年夏頃大家の里見都子さんを説得して、自分の借りている2間のうちの1間に住まわせるようになります。被告人は当初、清沢さんが社会的にうまく周りと適応してやっていけないことを心配して里見親子に協力を求めますが、半年たった頃清沢さんと静さんの仲が近づいてきたことに対して、静さんに好意を抱いていた被告人は、交際に至るのではないかと危機感を覚え始めるようになります。そして明治34年1月6日清沢さんから静さん

●ポイント解説　（用語や注釈、演技のポイントを確認しましょう）

（★がついた解説はシナリオ改編のヒントとなるものです）

⑫　裁判官や裁判員が人的証拠、物的証拠を調べながら、有罪や無罪、量刑判断をするために必要な事実を知っていく手続。

⑬　検察官の冒頭陳述はこういうルートをたどって証明していくという「海路図」(ストーリー・事件のあらすじではなく見立て)を述べることです。審理の対象を明確にし、立証方針の骨組みを示し、被告人に防御の範囲を知らせます。
論告・弁論は「説得」ですが、冒頭陳述は「証明」です。説明（わかるように述べる）と説得（納得させる）の違いを意識して述べましょう。その際、誰に向けて言いたいのかも意識することです。また言いたい人物の方向に体を向けることもあわせて必要です。法廷の中を動きながら、段落ごとに位置を変えて表現する方法もあります。

⑭　冒頭陳述が始まります。ここでの検察官の役割は「切り込み隊長」です。検察側に流れを引き寄せるためにも検察官から見た事実をよどみなく述べることが重要です。

裁判官席に近づいて行う検察官冒頭陳述
(「第3回高校生模擬裁判選手権関西大会」DVD映像より)

資料サイトへ

への思いを打ち明けられた被告人は、何をしても清沢さんに及ばないと劣等感を抱いていたこともあり、このままでは清沢さんに静さんを獲られると思い、恋の行く手を阻むために、1月10日、以前被害者から言われて自身が傷つけられた「精神的に向上心のない者は、馬鹿だ」ということばを孤独な状態に陥っていた清沢さんに述べ、清沢さんの思いを知っていながら1月17日に先駆けして婚約を取り付けたりして、清沢さんを精神的に追い詰め、自殺を実行する意志を起こさせ、同年1月20日自殺へと追い込んだものであります。

第3　その他情状(**⓯**)等。

［証拠申請］

検察官　以上の事実を立証するため、証拠等関係カード記載の各証拠の取調べを請求します。

裁判長　弁護人、冒頭陳述をどうぞ。

［弁護人冒頭陳述］…**⓰**

弁護人　この事件は一言で言いますと、1人の女性をめぐり親友同士のつばぜり合いの中で発生した哀しい事件なのです。このことについて説明します。被告人の鎌倉さんも被害者の清沢さんも同郷の親しい友人同士でした。生活に困っていた清沢さんを見かねて、鎌倉さんは自分の下宿の1間を与えたほどの仲でした。ところが、2人して大家さんのお嬢さんである里見静さんを好きになってしまいました。清沢さんに劣等感を抱いていた鎌倉さんは自分の恋を守るために、清沢さんに辛いことばを投げかけますが、決して死んでもいいとは思っておりません。あくまでも自分の恋を邪魔してほしくないという思いからです。恋をストイック、乃ち禁欲的に捉えていた清沢さんは自分の信条から外れたことで自殺をしますが、遺書には鎌倉さんへの恨みのことばは一切ないばかりか、死後の処理について鎌倉さんに依頼しているほど信頼しています。したがって鎌倉さんは清沢さんの自殺に関係ありません。鎌倉さんは無罪です。

『こころ』で文学模擬裁判

●ポイント解説　　（用語や注釈、演技のポイントを確認しましょう）

（★がついた解説はシナリオ改編のヒントとなるものです）

プレゼン資料を掲げて行う弁護側冒頭陳述

⑮ 刑の重さや起訴するかどうかを判断するときに考慮される事情のことです。犯行の動機、方法、被害の重さ、被告人の生い立ち、年齢、性格、前科の有無、生活態度などが含まれます。

⑯ 弁護人の冒頭陳述は、こういうルートをたどって検察官の立証が不十分であるとする「海路図」(ストーリー・事件のあらすじではなく見立て)を述べることです。弁護人にとって大事なことは何か、一番主張したいことは何か考えながら述べましょう。大事な一文はそらで、裁判官・裁判員の目を見て述べることです。冒頭陳述の段落ごとに法廷内を移動して表現したり、最後に被告人のそばに立って肩に触れながら「無罪です」と言う方法もあります。動きをつけることで聴く人の印象は変わってきます。

⑰ 弁護人の意見が出た後、裁判所が決定します。

⑱ 弁護人の証拠意見です。証拠物・証人尋問に対しては「異議あり」、「異議なし」、「然るべく」、証拠書証に対しては「同意」、「不同意」と答えます。「異議なし」「同意」だと、原則証拠として採用されます。
　弁護人の証拠意見がなぜ必要かというと、これらの証拠や供述調書は、捜査機関が収集し取り調べを経て作成されていますが、弁護人はその手続に関与できません。とりわけ供述調書には取り調べで誘導されたり各過程で誤りや捏造などが介在する恐れがあります。証人・被告人の署名・捺印があっても、供述調書は捜査機関による作文であり、誤りの可能性のある証拠が裁判官の目に入ると、誤判の恐れもあります。これを阻止する必要があるのです。

[証拠採否決定]…**⓱**(→p. 175)

裁判長 ただ今の冒頭陳述から本件の争点は、被告人の自殺教唆罪が成立す
るかどうか、ということです。弁護人、ご意見はいかがですか。

弁護人⓲(→p.175)　甲２号証の被害者の実の姉である上宮和子さんの供述
調書(**⓳**)、乙１・２号証の被告人である鎌倉先生さんの供述調書に
ついては、不同意です。それ以外の証拠については同意します。

裁判長 それでは、弁護人が同意した証拠については、採用して取調べます。
この裁判では書証の証拠調べ手続(**⓴**)は省略します。
検察官、弁護人が同意しなかった証拠についてはどうしますか。

検察官 上宮和子さんの証人尋問を請求します。

裁判長 弁護人、ご意見は。

弁護人 こちらも上宮和子さんの証人尋問を請求します。

裁判長 わかりました。それでは、上宮さんの証人尋問を採用します。本手
続では、これから上宮和子さんの証人尋問を実施し、その後、被告
人質問を行います。…**㉑**

［場面３］

[証人尋問]…**㉒**

裁判官 これから、証人上宮和子さんに対する尋問を行います。上宮さん出
廷していますか。

証 人 はい。

裁判官 では、証言台の所まで来て下さい。これからあなたを証人としてお
話を伺いますが、その前に嘘を言わないという宣誓をして頂きます。

証 人 (声を出して宣誓書を読む)…**㉓**

裁判官 今、宣誓して頂いた通り、正直に証言して下さい。嘘の証言をする
と偽証罪で処罰されることがありますので、注意して下さい。それ
では検察官、主尋問を始めて下さい。

[主尋問：上宮和子]…**㉔**(→p.181)、(→p.63 **㊾**、→p.195 **㉞**)

検察官 あなたと被告人の関わりについて教えて下さい。…**㉕**(→p.181)

証 人 私は、自殺した清沢満之の実の姉です。幼いころに母親が亡くなっ

●ポイント解説　（用語や注釈、演技のポイントを確認しましょう）

（★がついた解説はシナリオ改編のヒントとなるものです）

⑲　供述調書とは、裁判官や警察官、検察官の取調べに対し被告人や証人が述べた内容を記録した文書を指します。「供述」と「証言」は異なり、証人が法廷で述べた場合のみが「証言」で、被告人の場合は「証人」にはなれないため、捜査段階、公判廷を問わず「供述」となります。

⑳　事件に使われた証拠物は裁判官に見えるように提示し、証拠書証は原則朗読ですが、刑事手続の円滑のため、要約した内容を述べます（要旨の告知）。なお、書類を証人や被告人に示す場合は、本人の目の前に置くか近くまで行きます。検察官が示す場合は、弁護人は見える所の近くまで、逆に弁護人が示す場合は、検察官は見えるところの近くまで行きます。まちがいがないか確認するためです。

㉑　証人が被告人の答えを聞いて証言を合わせて変えてしまう可能性があるので、証人から尋問します。尋問・質問は一問一答形式です。尋問・質問の目的は主張したい証拠をとることです。最終的には論告・弁論に引き渡す情報になります。事実だけを訊き出します。意見を交わすことではありません。尋問者・質問者は証人・被告人の味方ということを意識しましょう。答えが１つに定まる答えやすい尋問・質問をしましょう。

㉒　刑事裁判においては尋問と質問は異なります。「尋問」は証人に対して行います。必ず答えなければならず、黙秘権はありません。証人にも秘密にしなければならないこと、例えば、自分が話すことで刑事責任を問われる場合、自社の業務上のノウハウを細かく言わねばならないなどの場合がありますが、その場合は法律で定められた拒否権を行使することになります。
「質問」は被告人に行いますので黙秘権があります。尋問同様答えなければならないとすると、被告人が自己を守るために有利な権利を主張する防衛権を保障できないからです。したがって被告人には宣誓がありません。黙秘権と宣誓は矛盾するのです。ただ行使することで裁判官・裁判員の心証がどうなるか考える必要はあります。

㉓　「宣誓　良心にしたがって真実を述べ、何事も隠さず、偽りを述べないことを誓います。」というセリフになります。
宣誓書は証言台に置いています。それを手に取って目の高さにして読み上げます。

たので、結婚して実家を出るまで弟からは母親のように慕われていましたし、私も弟を我が子のように接してきました。…㉖

検察官 弟さんが自殺されたと聞いた時は、どんな思いだったのですか。

証　人 信じられませんでした。今も思い出しては涙が出ます。新聞記事㉗★になり余計に傷つきました。

検察官 それはどうしてですか。

証　人 新聞記事には、弟が勘当された結果厭世的な考えを起こして自殺したとか、気が狂って自殺したなどとでっちあげた記事が載っていたからです。弟は勘当されたからといって挫けるほど弱い子ではありませんし、自ら死を選ぶような子ではありません。弟は学問に一生懸命向かい合っていました。事実でないことを書かれ、本当に悔しいし、胸が張り裂けそうです……。

検察官 今はどんな気持ちで法廷に立っていますか。

証　人 はい、弟の不名誉や無念を晴らしたい、という一念です。形見分けとして死後に出てきた弟の日記を見て、そうだったのか、とわかりました。

検察官 その日記のことついてお尋ねします。日記は今お持ちですか。

証　人 いいえ持っておりません。50冊ほどあって、鎌倉さんが一旦預かりますとおっしゃったのでその言葉に甘えたのです。でも鎌倉さんは残しておくと被害者の恥になるからと言って処分してしまったんです。弟の筆跡を残したかったので、肝心な箇所は薄紙でなぞって弟の筆跡として残してあります。今日はそれらの資料をもとに証言します。日記には何があったか、という事実だけが淡々と綴ってありました。日によっては自分の思いを添えている所もあります。

検察官 日記を見られてわかったことは何ですか。…㉘（→p. 183）

証　人 弟が自殺をするずっと前から、被告人は静さんを弟に獲られるのではないかという危機感を持っていたことです。

検察官 どういうことでしょう。

証　人 明治33年6月頃、部屋にお嬢さんと2人きりになっていた1週間後、またお嬢さんと部屋で一緒に話していた後、被告人に散歩へ

●ポイント解説　（用語や注釈、演技のポイントを確認しましょう）

（★がついた解説はシナリオ改編のヒントとなるものです）

㉔　主尋問・主質問は請求した側が行います。原則、誘導尋問が禁止されています。証人あるいは被告人から open question で 5W1H を one sentence, one meaning で証言・供述を答える側から引き出し、それが信用できることを示します。はい、いいえでしか答えられない尋問だと、証人や被告人に訊く意味がありません。主役は証人・被告人です。目撃したこと、経験したことを話してもらいます。質問者が語りすぎると証人・被告人の生々しい声が聞けず、押しつけているように受け取られます。出来事を時系列に沿って訊き出しましょう。

㉕　主尋問、主質問を行う人は「黒子」（引き立たせ役）です。あくまでも主人公は証人・被告人です。証人・被告人にスポットライトが当たるように、聴いている人も集中するようにしなければなりません。尋問、質問をする際に意識を２方向、つまり証人（被告人）と裁判官に向けてことばを発することが大事です。証人・被告人とのやりとりを一番聴かせたいのは裁判官・裁

証人から離れて行う検察側主尋問

判員なのですから、裁判官たちのほうを意識してことばを発するのと発しないのでは伝わり方がまったく違ってきます。証人・被告人が今どんな心理状態なのか、慮ってことばを発しましょう。きっと初めての法廷であったりして不安なはずです。そういう思いをくみとってことばを発することが大事です。決して置き去りにしてはいけません。証人が安心して守られている気持ちを抱けるように、尋問・質問することが大切です。責めたり追及するような訊き方をせず、不利になりそうな発言をしたら、フォローする尋問・質問をします。また裁判官・裁判員も置き去りにしてはいけません。聴く人にも目を向け、気を配らないといけません。

大事な尋問・質問は繰り返してアピールしましょう。異議が出ないように「確認ですが」と付けて聴く人にわかりやすくしたり、尋問・質問を円滑にするために、「○○についてお尋ねします」といったように間に小見出しを付けてもかまいません。

㉖　証人・被告人は裁判官のほうを向いて答えます。証人尋問や被告人質問は裁判官や裁判員に聞かせるという意識が大切です。one sentence, one meaning で行うのも、裁判官・裁判員が理解しやすくするためです。

㉗★　小説本文（以降「本文」と称す）にＫの自殺について、理由とともに新聞に掲載されたことが書かれています。社会的に話題となり二次被害を受けたともいえます。

連れ出されてそれとなく様子を探られたこと、10月の中頃お嬢さんと部屋で話していたら、被告人から「どうして早く帰ったのだ」と聞かれたこと、弟の部屋の縁側に来て弟のことをお嬢さんが呼ぶたびに被告人が変な顔をしたこと、11月の寒い雨の降る日に弟とお嬢さんが偶々出会ったから連れ立って歩いていたのに、被告人からお嬢さんと一緒に出たのかと詰問された、といったことが記されており、なぜ被告人に聞かれるのか不思議に思ったことが日記に書かれています。弟と静さんが交際や結婚に至るのではないかという危機感が強くなっていることが読み取れます。…❷❾★

検察官　なるほど、他にはどうですか。

証　人　お嬢さんの里見静さんを好きになったことが書かれてありました。しかもその思いを被告人に打ち明けているのです。

検察官　それはいつのことですか。

証　人　1月5日午前10時頃と記してありました。静さんへの思いが募り、静さんのことをもっと知りたくなって襖を開けて被告人にいろいろと訊いたとありました。被告人から今日に限ってなぜそんなことばかり言うのか、と返され、返答に困り、とうとう静さんへの思いの丈を被告人に打ち明けたとあります。聴いてもらって嬉しかった、と書いてありました。…❸❶★

検察官　被告人は清沢さんの恋心を知っていたというわけですね。

証　人　はい、そうなんです。被告人は弟に静さんを奪われると思ったのでしょう、その後、弟にひどいことばを投げつけているんです。

検察官　それはいつ、どこで、どんな状況で、どんなことばを投げつけているのですか。

証　人　大学が始まって間もなく1月8日図書館で勉強している被告人に弟の方から声をかけて上野公園に行ったようです。弟は恋に陥っている自分をどう思うか尋ねたとありました。そこで「精神的に向上心のない者は、ばかだ」ということばを浴びた、と書いています。日記を遡るとこれは2人で明治33年8月房州の誕生寺に行った際に、以前弟が被告人に言ったことばだとわかりました。日蓮の話

『こころ』で文学模擬裁判

●ポイント解説　　（用語や注釈、演技のポイントを確認しましょう）

（★がついた解説はシナリオ改編のヒントとなるものです）

㉘　例えば、この証言をぜひ印象に残したいと考えるならば、証人が答えている間、裁判官席のほうに体を向けて「ここ、大事なので注意して聞いておいて下さいよ」というメッセージを発することもスキルの１つです。

㉙★　ここは、本文より他のエピソードを加えて、より多くの事実を列挙してもよいところです。

㉚★　読みとして「嬉しかった」という表現に違和感があれば他の心情表現に変えても差し支えありません。

こころ

183

をしても取り合わなかった被告人に少し腹が立って言ってしまった
とありました。このことばは、女性に何の関心もなかったのに、学
問を疎かにして1人の女性を好きになってしまった当時の弟自身
にとって、かなりきついことばだったようです。自分という存在を
全否定されるようなことばだったと記しています。被告人が同じ人
を好きになっていることを考えると、このことばは弟のことを思っ
て言ったのではなくて、弟を攻撃する意志があったことは明らかで
す。弟の人格を破壊することばでした。弟もそのようなことを記し
ております。その時の自分は狼に喉笛を喰らいつかれた羊のようだ
ったと。

検察官　他にはどんなことが書いていましたか。

証　人　論理をすり替えられた（㉛★）、とも書いてありました。

検察官　どういうことでしょう。

証　人　そのあと「被告人からやめたければやめてもいいが、口の先だけで
やめたって仕方あるまい、それを止めるだけの覚悟がなければ」と
言われたとあります。その時は気づかなかったけれど、お嬢さんの
話を止めることを、恋を止める話にされてしまっていた、と帰って
から気づいた、と記されていました。本当に狡猾なやり方です。

検察官　なるほど。それから後にはどんなことが書かれていますか。

証　人　上野から帰った日から10日後くらいに、大家さんの里見都子さん
から被告人と静さんが結婚することになったことを知らされたと書
いてありました。かなりの衝撃だったようです。「ショック、淋し
い」（㉜★）と一言書いてありました。都子さんから「あなたも喜ん
で下さい」と言われ無理やり微笑ながら「おめでとうございます」
とだけ言って席を立ち、「結婚はいつか」と聞き「お祝いをあげた
いが金がないからできない」と言ったと記されています。この時の
弟の気持ちを考えると、姉の私は胸が痛みます。さぞ辛かっただろ
うと。生まれて初めて人を好きになったその気持ちを粉々に打ち砕
かれ、全幅の信頼を寄せていて、襖を開けては何もかも自分の心を
曝け出していた相手に裏切られたのですから。つくり笑いをしてい

184

『こころ』で文学模擬裁判

●ポイント解説　　（用語や注釈、演技のポイントを確認しましょう）

（★がついた解説はシナリオ改編のヒントとなるものです）

㉛★　本文ではＫがすり替えられたとの記述はありませんが、そのように解釈しています。

㉜★　本文の読みに関わるところです。違和感があれば変えても差し支えありません。

こころ

185

たのでしょうが、おめでとう、という気持ちやお祝いをしたいというのは弟の本心だったと思います。弟はそういう人間です（㉝★）。唯一信頼していた被告人に裏切られ本当に寂しかったのだと思います。孤独だったんだと…。姉の私として傍にいてやれたらと思うと（涙、涙、涙）。善良な弟の心を利用した被告人を断じて私は許せません。被告人の卑怯な抜け駆けが弟を決定的に死に追いやったのです！

検察官　わかりました。清沢さんが頸動脈を切って自殺したことについてどう思われましたか。

証　人　養家の意向もあって医学の勉強も一時していたからでしょうか、瞬間的にこの世から自分を抹殺する方法で死んだのだと感じました。余計に悲しさが増しました。

検察官　以上で終わります。

［反対尋問：上宮和子］…㉞（→p.63 ㊾）

裁判官　続いて弁護人は、反対尋問を始めて下さい。

弁護人　さきほど弟さんは学問をされていたとおっしゃいましたね。

証　人　はい。

弁護人　どんな学問か、日記には書いてありましたか。

証　人　はい。道のために生きる、ということが書かれてありました。

弁護人　ところで、あなたのご実家は新潟の真宗のお寺ですよね。

証　人　はい。

弁護人　日記には真宗の教えを支持されていたことが書かれてありましたか。

検察官　いいえ。むしろ、ある意味寛容な真宗の教えには物足らなかったのか、キリスト教やイスラム教にも関心があることが書かれています。

弁護人　恋愛観みたいなことは日記に書かれてありましたか。

証　人　確か、プラトニックラブ、というんでしょうか、精神的な恋愛さえ否定することが書いてありました。

弁護人　ということは、プラトニックラブさえ否定する学問の道に邁進していた弟さんが恋をしてしまったということでしょうか。…㉟★

証　人　そういうことになりますが、それが自殺に繋がっているわけではあ

『こころ』で文学模擬裁判

●ポイント解説　（用語や注釈、演技のポイントを確認しましょう）

（★がついた解説はシナリオ改編のヒントとなるものです）

㉝★　本文から読みとれるキャラクタリゼーションとして別の表現にしてもかまいません。

㉞　反対尋問・反対質問は主尋問・主質問で出た証言・供述の信用性を弾劾するために行います。誘導尋問をしてもかまいません。「はい」か「いいえ」で答えるしかないような closed question を行います。open question で訊くと、言い訳されて証言・供述の信用性が逆に高まってしまいます。深追いすると主尋問・主質問で出た内容が証明できることを固めてしまう「塗り壁」尋問・質問になります。被告人に言い訳をさせて暴走させ

モニター前で近づいて行う
弁護側反対尋問

てはいけないのです。証人・被告人の言い分を弾劾して信用性をおとしめるために、コントロールしなければならないのです。新しいことを引き出すことではなく主尋問・主質問で出てきたことの内容の弾劾です（もし主尋問・主質問が短く、内容が薄い場合はオープンで訊き出して弾劾していきます）。open question で訊いてもいいのは、どんな答えが返ってきても次の質問につないでコントロールできる答えしか返ってこないことが明らかな時です。また、深追いしてもいけません。「寸止め」が大事です。押し問答にならないように気をつけましょう。手前で止めて、余韻を残して裁判官・裁判員に心象を形成させる、つまり聴き手に疑わしいと感じとってもらうようにします。追いかけると逆効果です。矛盾を認めさせる直前で止めることです。
（誘導尋問については→p. 195 ㉞）

主尋問・主質問と異なり反対尋問・反対質問の場合は、主人公は、尋問・質問者です。スポットライトを浴びて「私を見て！」というイメージで演じましょう。テンポ良く自分のペースで行いましょう。ただ、裁判官・裁判員を意識してわかりやすく、が大事です。質問にたくさん盛り込んではいけません。one sentence, one meaning が原則です。証人・被告人と事前にあって話すことがないので、どんな答えが返ってくるかわかりません。不利な内容が出ることも十分あります。不利な情報が出ていて味方の主張に支障がある場合は、ひっくり返しましょう。有利な情報が出ていたら、ダメ押しで質問して確認するのもよいでしょう。尋問するたびに一歩ずつ近づいていって、いつの間にかそばにいるというふうに動くこともできます。ただ、相手側の両分にまで入るのは NG です。もし、相手が距離を縮めて尋問・質問してきたら、証人・被告人は圧迫感を抱きます。「威圧的です」と異議を出しましょう。

㉟★　弁護人の意見と捉えることができますので、異議を出してもよいでしょう。

りません。

弁護人　上野から帰った晩については何か書かれていますか。

証　人　夜中に２尺ほど襖を開けて被告人に向かって「もう寝たか」と声をかけると「何か用か」と問い返されたので「便所に行ったついでにもう寝たか、まだ起きているか」と聞いた、といった出来事が記してあります。

弁護人　とりとめもないことのようですが、なぜそんなことをわざわざ記しているのでしょうか。

証　人　わかりません。…㊱★

弁護人　弟さんは遺書を残しているんですよね。

証　人　はい。

弁護人　確か墨の余りで書き添えた文字がありましたよね。

証　人　はい。

弁護人　ということは、遺書は自殺した日に書かれたものではないですよね。

証　人　わかりません。…㊲★

弁護人　遺書は上野から帰った晩に既に書かれていて、決行するかどうか被告人の様子を伺ったと考えられませんか。…㊳★

検察官　異議あり！　今の発言は弁護人の憶測にすぎません。事実だけを聴くべきです。…㊴

裁判官　弁護人、ご意見は。

弁護人　わかりました。質問を変えます。あなたは遺書を読みましたか。

証　人　はい、読みました。

弁護人　遺書には確か、薄志弱行で行く先の望みがないことが書かれてありましたね。

証　人　はい。

弁護人　他に自殺した理由は書いてありませんよね。

証　人　はい。

弁護人　被告人に対しては恨み、つらみもかかれていませんよね。

証　人　はい。

弁護人　むしろ、遺書では被告人には死後の片づけ方や事後処理について依

『こころ』で文学模擬裁判

● ポイント解説 （用語や注釈、演技のポイントを確認しましょう）

（★がついた解説はシナリオ改編のヒントとなるものです）

㊱★　本文の読みの解釈として、答えを示してもよいところです。

㊲★　ここは本文の読みに関わってくる箇所です。この後のやりとりを変えることも可能
です。

㊳★　ここも本文の読みに関わります。別の答え方にしてもよいところです。

㊴　異議を出すことは、法令違反の尋問・質問とそれに対する証言・供述が証拠とされる
ことを阻止することが目的です。異議を出されないためにはどう答えたらよいか考え
てみましょう。
異議を出す場合は、タイミングを逸しないことです。証人や被告人が答える前に「異
議あり！」と発し、腰を半分浮かすつもりで相手の流れを止めるために勢いよく出す
ことがポイントです（机を叩いて「異議あり！」というくらいに）。大事なのはことば
と体を一致させることです。ことばは体の使い方や動かし方により、そのことばに力
が生じます。「頑張ります！」という際にうなだれて言うかガッツポーズで言うか、
どちらが力強いか一目瞭然でしょう。また異議を出した場合、理由も述べます。まず
いと感じたら、異議を出し、とりあえず何か理由を述べましょう。（→p. 61 ㊽）
裁判官は異議が出た場合は、出された側に意見を聞き、その結果を受けて３名です
ぐに相談して異議を認めるか、棄却するか（異議事由にあたるかどうか）判断します。
認めた場合は、「異議を認めます」と述べ異議を出された側に「尋問（質問）の内容を
変えて下さい」、棄却した場合は「そのまま尋問（質問）を続けて下さい」と言って進
行します。「棄却します」と「却下します」は意味が異なります。そもそも異議を出
せない場面で出した場合「却下」となります。

189

頼していますよね。

証　人　はい。

弁護人　死後の後片付けを依頼する場合、その人をよほど信頼していないと
　　　　できませんよね。…❹★

証　人　……。…❹★

弁護人　終わります。

裁判官　検察官から、再主尋問はありますか。…❷

検察官　(あれば)あります。

　　　　(なければ)ありません。

証　人　(あれば答える)

裁判官　それでは裁判官、裁判員よりお尋ねします。…❸

証　人　(あれば答える)

裁判官　裁判員の方、他にありませんか。

　　　　(あれば)裁判員に発言を認める。

　　　　(なければ)次のセリフへ。

裁判官　それでは証人尋問を終わります。上宮和子さん、ごくろうさまでし
　　　　た。傍聴席にお戻り下さい。

[場面４]

[被告人主質問]…❷❷(→p. 179)、❷❷❷(→p. 181)

裁判官　続いて被告人質問を行います。被告人は、証言台の椅子に座ってく
　　　　ださい。それでは、弁護人は主尋問を始めて下さい。

弁護人　下宿に入るまでのいきさつを教えて下さい。

被告人　両親とも私が20歳になる前に亡くなり、その後叔父夫婦が親代わ
　　　　りとなりましたが、叔父夫婦が私の意向を無視して従妹との結婚を
　　　　勧めたり、実家の財産を胡麻化していたことを知り、人間不信にな
　　　　り、明治31年夏頃今の下宿を見つけて下宿し始めました。私の人
　　　　格が壊れそうになった頃です。

弁護人　里見家に下宿してからはどうでしたか。

被告人　大家の、今は義母である都子さんや今の妻である静さんの温かい心

『こころ』で文学模擬裁判

●ポイント解説　　（用語や注釈、演技のポイントを確認しましょう）

（★がついた解説はシナリオ改編のヒントとなるものです）

㊵★ 弁護人の意見なので、異議を出せます。また、ここも本文の読みに関連します。異議が出されないような訊き方を考えてみましょう。

尋問・質問で異議を出せる場合は次の通りです。

① 主尋問・主質問における誘導尋問・質問（ただし争いのない事実についての誘導は禁止の対象外）

② 誤導尋問（争いのある事実または未だ供述に現れていない事実を前提として又は仮定してする尋問・質問）。

③ 威嚇的・侮辱的な尋問・質問

④ 重複尋問・質問（何度も同じことを訊く）

⑤ 意見を求める尋問・質問

⑥ 議論にわたる尋問・質問

⑦ 証人が直接経験していない尋問・質問

⑧ 関連性のない尋問・質問

理由を述べる際は、ここにある表現を使わなくても、聞いてわかりやすいことばを使うとよいでしょう。

㊶★ 証人として、何か発言を述べてもかまいません。

㊷ 再主尋問・質問はリカバリーするための尋問・質問です。証人（被告人）が相手側に追い詰められしどろもどろになっている、不利な状況になっていると判断したら、形勢をリカバリーするために再度尋問・質問を行いましょう。前述の状況にもかかわらず出さないことは証人・被告人を見捨てたも同然です。再主尋問・質問の場合、最初に「1つあります」というように何個あるのか示します。多くても5〜6個でしょう。

㊸ 裁判官・裁判員による「補充尋問」といわれます。検察官や弁護人が訊いていないことで、明らかにしたいことや判断材料にしたいことを訊いたりします。

191

遣いに癒され、次第に穏やかな心持になっていきました。私は正直、女性というものを見縊（みくび）っていました。これから都子さんを「奥さん」、静さんのことを「お嬢さん」と言います。お嬢さんに対しては見縊ることができませんでした。お嬢さんのことに心惹（ひ）かれるようになりました。私のお嬢さんへの愛は、信仰に近い愛でした。私はお嬢さんの顔を見るたびに自分が美しくなるような心持がしました。お嬢さんのことを考えると、気高い気分がすぐ自分に乗り移って来るように思いました。恋は神聖なものです。

弁護人　鎌倉さんにとってお嬢さんが大切な存在だということが良くわかりました。鎌倉さんは今もその気持ちに変わりはありませんか。

検察官　異議あり！　その質問は本件とは全く関係のない質問です。…㊹

裁判長　弁護人、ご意見は。

弁護人　被告人の真情を聞き出すことは「　　　　」と（㊺★）いう点において判決にも関わることかとかと考えます。

裁判長　異議を棄却します。そのまま質問を続けて下さい。…㊻★

弁護人　では清沢さんを下宿に招きいれた経緯についてお尋ねします。鎌倉さんはなぜ清沢さんを同じ下宿に住まわせるようになったのですか。

被告人　清沢君は昔からの同郷の友人で、同じ大学に通っていました。末っ子だった彼が養子に出され、養家の意向に背いて医学部に行かず、他の学部に進学したことを知られ、養家からも実家からも支援を絶たれ、生活苦に陥っていました。それで見るに見かねて、明治33年1月呼び寄せたのです。彼は籠りがちでコミュニケーションを（㊼★）取ることが苦手であったので、私が奥さんやお嬢さんに癒されたように、2人には同じように接して頂き、彼の心を開いてもらおうと思ったのです。

弁護人　ということは、全くの善意の気持ちからだったのですね。

被告人　はい。ただ、当初は奥さんからは止めておけ、と言われました。今から思うとその忠告に従っておけばよかったとも思います。

弁護人　それはなぜですか。

被告人　呼び寄せなかったら、彼も死ぬことはなかったと思うからです。し

192

『こころ』で文学模擬裁判

●ポイント解説　　（用語や注釈、演技のポイントを確認しましょう）

（★がついた解説はシナリオ改編のヒントとなるものです）

❹❹　異議を出すことは、法令違反の尋問・質問とそれに対する証言・供述が証拠とされる
　　ことを阻止することが目的です。異議を出されないためにはどう答えたらよいか考え
　　てみましょう。
　　　異議を出す場合は、タイミングを逸しないことです。証人や被告人が答える前に「異
　　議あり！」と発し、腰を半分浮かすつもりで相手の流れを止めるために勢いよく出す
　　ことがポイントです（机を叩いて「異議あり！」というくらいに）。大事なのはことば
　　と体を一致させることです。ことばは体の使い方や動かし方により、そのことばに力
　　が生じます。「頑張ります！」という際にうなだれて言うかガッツポーズで言うか、
　　どちらが力強いか一目瞭然でしょう。また異議を出した場合、理由も述べます。まず
　　いと感じたら、異議を出し、とりあえず何か理由を述べましょう。（→p. 61 ❹❽）
　　　裁判官は異議が出た場合は、出された側に意見を聞き、その結果を受けて３名です
　　ぐに相談して異議を認めるか、棄却するか（異議理由にあたるかどうか）判断します。
　　認めた場合は、「異議を認めます」と述べ異議を出された側に「尋問（質問）の内容を
　　変えて下さい」、棄却した場合は「そのまま尋問（質問）を続けて下さい」と言って進
　　行します。「棄却します」と「却下します」は意味が異なります。そもそも異議を出
　　せない場面で出した場合「却下」となります。

❹❺★　ここの「　　」は主張との関連で考えてみてください。

❹❻★　弁護人の回答次第で裁判官の判断も変わります。

❹❼★　明治時代に「コミュニケーション」ということばは一般的ではなかったはずです。
　　どんなことばに変えたら良いか、考えてみましょう。

193

かし、彼の当時の苦境は、見るに忍びなかったのです。

弁護人　清沢さんのことを心配していたことはよくわかりました。その後のことについてお話頂けますか。

被告人　はい、さきほど証人の証言でもあったように、正月明けにお嬢さんへの恋を打ち明けられました。道に生きる彼から、女性の話が出てくるとは思いもよりませんでした。すぐに、しまった、先を越されたな、と思いました。そのあとでなぜ自分からも打ち明けるべきだったのに、と非常に悔やみました。不意打ちに遭ったのも同然でしたから。

弁護人　それから、明治34年1月8日図書館にいた時に、相談を持ち掛けられたのですね。

被告人　はい。私に向かって漠然と「どう思う」と聞いてきました。彼は私の批判を求めたいように見えました。正直、恋に進もうか道に生きようか迷っている彼を見て、チャンスだと思いました。他流試合のつもりで、一打ちで倒せると思ったのです。だまし討ちにしても構わないから倒そうと思っていました。それで彼に以前言われた言葉である「精神的に向上心のない者はばかだ」という言葉を投げ返したんです。

弁護人　もし、彼の好きな人がお嬢さんでなかったら同じことをしましたか。

被告人　いいえ、していません。彼の気持ちに寄り添って、乾ききった彼の顔に慈雨のような言葉を注いだはずです。きつい言葉を彼に投げたのは好きになった人が同じだったからです。たまたまです。

弁護人　そのあと、「覚悟」という言葉を使って追い込んでいますが、さきほどの証人の証言にあったように、論理のすり替えという意図はあったのですか。

被告人　いえ、ありませんでした。お嬢さんを奪われまいと思って必死だったんだと思います。

弁護人　なぜそんなに必死になったのですか。

被告人　さきほども申しましたように、お嬢さんへの愛は私にとって信仰です。お嬢さんを失うことは、私にとって信じる宗教を無理やり棄て

『こころ』で文学模擬裁判

●ポイント解説　　（用語や注釈、演技のポイントを確認しましょう）

（★がついた解説はシナリオ改編のヒントとなるものです）

距離を取って行う弁護側主質問

㉞　誘導尋問とは
「YESかNOで答えられる」、「質問者の意図する(認めさせたい)内容、期待する答えが質問の中に含まれる」尋問のことです(ここでは「尋問」に「質問」も含めて記します)。
主尋問で誘導尋問が許される場合(刑事訴訟規則199条の3第3項)は次の通りです(生い立ちから聴いていくことなどすると時間が足りなくなるなど、全面的に禁止されると主尋問が長くなってしまいます)。模擬裁判では、AからCが特に重要です。
　A　証人の身分、経歴、交友関係などで、実質的な尋問に入るに先だって明らかにする必要のある準備的な事項に関するとき、前提事項の質問は認められる。
　B　訴訟関係人に争いのないこと(模擬裁判との関係では、お互いに認めている事実、という程度で考えてください)が明らかな事項に関するとき。
　C　証人の記憶が明らかでない事項についてその記憶を喚起するための必要があるとき。
　D　証人が主尋問者に対して敵意又は反感を示すとき。
　E　証人が証言を避けようとする事項に関するとき。
　F　証人が前の供述と相反するか又は実質的に異なる供述をした場合において、その供述した事項に関するとき。
　G　その他誘導尋問を必要とする特別の事情があるとき。

させられるようなものです。誰だって、自分が大事にしているもの
を奪われまいと必死になるでしょう。……恋は罪悪です。

弁護人　それであなたは被告人の「覚悟」をどういう意味で捉えたのですか。

被告人　その時の彼は居直り強盗のようにも見えたので、学問を捨ててお嬢
さんの恋に生きようという覚悟の意味で捉えました。それでまずい、
と思って、1週間後奥さんに結婚を申し込んだのです。

弁護人　結果的にその覚悟は「死ぬ」覚悟だったと思われるのですが、「死
ぬ」覚悟だと捉えていたらどうしましたか。

被告人　死を回避するためにできる限りの努力をしたでしょう。

弁護人　ということは、まさか被告人が自ら命を絶つとは思ってもみなかっ
たのですね。

被告人　はい。

弁護人　では清沢さんが自殺した1月20日のことについてお尋ねします。
土曜日に布団を敷いて自殺したわけですが、そのことについてどう
思われましたか。

被告人　翌日が日曜で大学が休みなので、迷惑をかけないようにしたのだと
思いました。また布団が血を吸収しますし、倒れた時の音もしない
ので、死ぬ間際まで配慮してくれたのだと感じました。…❹❽★

弁護人　2尺開けてあったのですが、それについてはどう考えましたか。

被告人　一番最初に私に発見して欲しかったのではないかと思いました。

…❹❾★

弁護人　そうして清沢さんの死体を見つけるわけですが、その時は？

被告人　突然彼から恋の告白を聞かされた時と同じです。また「ああしまっ
た」と思いました。取り返しがつかないと思いました。

弁護人　遺書の中身を見てどう思われましたか。

被告人　自分に対する恨みやお嬢さんのことが書かれてあると思いましたが、
なかったのでわざと回避したのだと思いました。

弁護人　なぜ敢えて書かれていないと思いましたか。

被告人　プラトニックラブさえ否定する道に生きてきた彼からしたら、お嬢
さんのことを書けば、死ぬ時も死んでからも自分の生き方を否定す

196

『こころ』で文学模擬裁判

●ポイント解説　　（用語や注釈、演技のポイントを確認しましょう）

（★がついた解説はシナリオ改編のヒントとなるものです）

㊽★　本文をどう読むかに関わってくるところです。読み次第で変えても差し支えありません。

㊾★　この「2尺」の意味をどう捉えるか、読みに関わるところです。他の解釈はないのかどうか考えて、変えるならば変えてみましょう。

197

ることになります。それに私に迷惑をかけることにもなります。日
記の処分が彼の恥に関わる、というのも同じ理由からです。私には
死後の片づけかたを頼みつつも恨み言が書かれていないことから、
私のことは恨んでいないんだと思いました。自分が第一信条に反す
る生き方をしたばっかりに私に苦しい思いをさせて申し訳ない、と
いう彼の気持ちを感じました。…❺⓪★

弁護人　ということは、やはり清沢さんの自殺は本人の問題であって、鎌倉
　　　　さんは関係ないのですね。

被告人　はい。

弁護人　終わります。

［被告人反対質問］…❺①

裁判官　続いて検察官は、反対質問を始めて下さい。

検察官　さきほど「彼の好きな人がお嬢さんでなかったら同じことをした
　　　　か」という問いに「きつい言葉を彼に投げたのは、好きになった人
　　　　が同じだったからです。たまたまです」と言いましたが、「たまた
　　　　ま」にせよ、きつい言葉を投げかけたのは事実ですよね。

被告人　はい。

検察官　上野でのことについてお尋ねします。さきほど「チャンスだと思い
　　　　ました。一打ちで倒せると思ったのです。他流試合のつもりで、一
　　　　打ちで倒せると思ったのです。だまし討ちにしても構わないから倒
　　　　そうと思っていました」と言いましたね。

被告人　はい。

検察官　清沢さんは日記に当時のことを「その時の自分は狼に喉笛を喰らい
　　　　つかれた羊のようだった」と記しています。これは被害者からすれ
　　　　ば「殺される」ような感覚ではないですか。

被告人　……　…❺②★

検察官　「きつい言葉をかけて一打ちで倒せる」ということは、清沢さんが
　　　　倒れようがどうなっても構わない、こいつは邪魔だから、死ぬかも
　　　　しれないけど、死んでもいいという気持があなたにあったのではな
　　　　いですか。

●ポイント解説　（用語や注釈、演技のポイントを確認しましょう）

（★がついた解説はシナリオ改編のヒントとなるものです）

(50)★　ここも本文の読みに関わってきます。また「日記」という本文にない物証を入れています。より説得力のある供述に変えることが可能です。

(51)　反対尋問・反対質問は主尋問・主質問で出た証言・供述の信用性を弾劾するために行います。誘導尋問をしてもかまいません。「はい」か「いいえ」で答えるしかないようなclosed questionを行います。open questionで訊くと、言い訳されて証言・供述の信用性が逆に高まってしまいます。深追いすると主尋問・主質問で出た内容が証明できることを固めてしまう「塗り壁」尋問・質問になります。被告人に言い訳をさせて暴走させてはいけないのです。証人・被告人の言い分を弾劾して信用性をおとしめるために、コントロールしなければならないのです。新しいことを引き出すことではなく主尋問・主質問で出てきたことの内容の弾劾です(もし主尋問・主質問が短く、内容が薄い場合はオープンで訊き出して弾劾していきます)。open question で訊いてもいいのは、どんな答えが返ってきても次の質問につないでコントロールできる答えしか返ってこないことが明らかな時です。また、深追いしてもいけません。「寸止め」が大事です。押し問答にならないように気をつけましょう。手前で止めて、余韻を残して裁判官・裁判員に心象を形成させる、つまり聴き手に疑わしいと感じとってもらうようにします。追いかけると逆効果です。矛盾を認めさせる直前で止めることです。
主尋問・主質問と異なり反対尋問・反対質問の場合は、主人公は、尋問・質問者です。スポットライトを浴びて「私を見て！」というイメージで演じましょう。テンポ良く自分のペースで行いましょう。ただ、裁判官・裁判員を意識してわかりやすく、が大事です。質問にたくさん盛り込んではいけません。one sentence, one meaningが原則です。証人・被告人と事前にあって話すことがないので、どんな答えが返ってくるかわかりません。不利な内容が出ることも十分あります。不利な情報が出ていて味方の主張に支障がある場合は、ひっくり返しましょう。有利な情報が出ていたら、ダメ押しで質問して確認するのもよいでしょう。尋問するたびに一歩ずつ近づいていって、いつの間にかそばにいるというふうに動くこともできます。ただ、相手側の両分にまで入るのはNGです。もし、相手が距離を縮めて尋問・質問してきたら、証人・被告人は圧迫感を抱きます。「威圧的です」と異議を出しましょう。

(52)★　本文の読みに基づいて、ここは何か反論しても良いところです。

こころ

被告人　……いえ、ありません。…❸★

検察官　あなたは上野で恋の話を止めることを、被害者が恋をやめるという
　　　　ふうに論理をすり替えましたのは「意図的なことではなく必死だっ
　　　　たから」と言いましたよね。

被告人　はい。

検察官　ところで告白を聞いた時はどんな感情でしたか。

被告人　一種の恐ろしさというか、相手は自分より強いという恐怖の念が兆
　　　　し始めました。彼には及ばないという気持ちがありました。

検察官　つまり清沢さんに対して劣等感を抱いていた、ということですね。

被告人　はい。…❺★

検察官　勝ち目はなかったということですね。

被告人　はい。

検察官　優劣で判断していた友人関係ということですね。…❺★

被告人　はい。

検察官　清沢さんも同じように思っていたのでしょうか。

被告人　いいえ、彼は私と同じような感情は抱いていないと思います。

検察官　ということは、あなたを親友と思う清沢さんの気持ちを利用した、
　　　　いわば策略ということですね。

被告人　はい。彼は結婚の知らせを聞いても超然としていたので、策略で勝
　　　　っても人間としては負けた、と思いました。

検察官　ということは、あなたは一貫して策略を巡らせていたことになりま
　　　　すね。

被告人　そういうことになります。

検察官　ということは、上野での論理のすり替えは必死な気持ちからではな
　　　　くて、冷静に計算された策略ではないのですか。

被告人　…… …❺★

検察官　まとめますと、あなたは清沢さんに劣等感を抱いていて勝ち目がな
　　　　いと判断して、どんな策略を使ってもいいから、清沢さんを一打ち
　　　　で倒そうとした、としたことは間違いないですね。

被告人　……はい……。…❺★

『こころ』で文学模擬裁判

●ポイント解説　　（用語や注釈、演技のポイントを確認しましょう）

（★がついた解説はシナリオ改編のヒントとなるものです）

㊼★　「ありません」の前にことばを継ぎ足しても差支えありません。

㊽★　本文の読みに関わってくるところです。何か補足しても差支えありません。

㊾★　検察官の意見なので、異議を出せるところです。

㊿★　open で訊かれているので、言い訳して反論することができます。

57★　ためらいがちに認めていますが、前後にことばを補ってもよいところです。

201

検察官　清沢さんに対しては死んでしまえという気持ちもあったと？

被告人　……いえ、それはありません。…❺❽★

検察官　ところで、あなたは清沢さんの遺体の第一発見者ですよね。

被告人　はい。

検察官　発見した時の気持ちを正直に、今はこの世にいない清沢さんに聞か
　　　　せるつもりで答えて下さい。

被告人　……またああしまった、と思いました。

検察官　「しまった」と思ったんですか。悲しくなかったのですね。「また」
　　　　とは。…❺❾★

被告人　「また」というのは告白を聞かされた時から２回目に同じ気持ちに
　　　　なったということです。

検察官　ご遺体を見てまず何をしましたか。

被告人　私の名前宛の遺書を読みました。

検察官　ずっと長い間過ごしてきた人が死んでいるんですよね。

被告人　はい。

検察官　救急車を呼ぶとか延命処置を取ろうとか考えなかったのですか。

被告人　……はい。

検察官　どうしてですか。

被告人　その手紙の中身のほうが気になったのです。今から思うとどこまで
　　　　も自分本位だったと思います。

検察官　手紙の中身を見てどう思いましたか。

被告人　まず、助かったと思いました。

検察官　助かったとは、誰が助かったのですか。
　　　　人が死んでいますが……。

被告人　私です。世間体の上で、ですが。私のせいで死んだことやお嬢さん
　　　　のことも触れていなかったので、私の面子は保たれたと思いました。

検察官　読み終えてどうしましたか。

被告人　手紙を封に入れなおして置きました。

検察官　どこに置いたのですか。

被告人　彼の机の真ん中にです。

『こころ』で文学模擬裁判

●ポイント解説　（用語や注釈、演技のポイントを確認しましょう）

（★がついた解説はシナリオ改編のヒントとなるものです）

㊽★　否定するところなので、理由を述べていきましょう。

㊾　一問一答になっていないので、異議が出せるところです。また、異議が出されないように、訊き方を変えてみましょう。

近づいて行う検察側反対質問

203

検察官　なぜそこに置いたのですか。

被告人　一番目につく所だからです。

検察官　なぜ目につくところにこだわったんですか。

被告人　彼の自殺に私は関係ないことを悟ってもらうためです。

検察官　ところで、実況見分調書から襖は２尺開いていたわけですが「２尺」
　　　　というと人が自由に１人通れる距離というか、間、ですよね。…❻⓿★

被告人　はい。

検察官　清沢さんはあなたと最後まで自由に行き来できるような関係を望ん
　　　　だのではないですか。…❻❶★

弁護人　異議あり！　今のは検察官の意見です。

検察官　被告人の判決を考えるにあたり心証に影響を及ぼす核心の部分です。

裁判長　(左右と相談して)聞いてみたいと思います。異議を棄却します。続
　　　　けて下さい。

検察官　あなたは１つの部屋を４畳と８畳で分けて暮らしていたんですよ
　　　　ね。

被告人　はい。

検察官　互いの部屋について、何を表していると捉えていますか。…❻❷★

被告人　……お互いの心の世界でしょうか……。…❻❸★

検察官　自由に行き来できる２尺を開けて死んだということは、清沢さん
　　　　は物理的にも精神的にもあなたと同じ空間にいたかったのではない
　　　　でしょうか。…❻❹★

弁護人　異議あり！　今のは検察官の意見に過ぎません。のみならず被告人
　　　　を圧迫する質問です！

裁判官　検察官、ご意見は。

検察官　(　　　　　　　　　　　　　　　)…❻❺★

裁判官　異議を認めます。質問の内容を変えて下さい(or 異議を棄却します)。
　　　　そのまま質問を続けて下さい。(→p. 189 ❸❾)

検察官　確かに、遺書にはお嬢さんやあなたのことは何も書かれていないけ
　　　　ど、清沢さんはどう思っていたと考えますか。

被告人　寂しかったんだと思います。……(嗚咽)……そういった感情が抑え

『こころ』で文学模擬裁判

●ポイント解説　　（用語や注釈、演技のポイントを確認しましょう）

（★がついた解説はシナリオ改編のヒントとなるものです）

⓺⓪★　本文の読みに関わるところです。どう読んだか反映させて変えてみましょう。

⓺①★　異議を出されないような言い方に変えてみましょう。

⓺②★　意見を尋ねる質問だと捉えられます。異議を出して止めてもよいところです。

⓺③★　本文の読みに関わるところです。いろいろと考えられるところを継ぎ足してよいところです。

⓺④★　異議が出されないような質問にしてみてください。

⓺⑤★　弁護人の異議が棄却されるような答えを考えてみてください。

こころ

205

られた結果があの遺書だったと思います。……

検察官 人間って哀しいですよね……終わります。…❻❻★

裁判官 弁護人から、再主質問はありますか。…❻❼

弁護人 あります。あなたが亡くなった清沢さんの為にしていることは何かありますか。

被告人 今も月命日には清沢君の墓参りに行っております。

弁護人 なぜ今もされているのですか。

被告人 清沢君の冥福を心より祈りたいからです。また人間の罪というものを深く感じたからです。

弁護人 以上です。…❻❽★

裁判官 それでは裁判官・裁判員よりお尋ねします。

（あれば）裁判員に発言を認める。

（なければ）次のセリフへ。

被告人 （あれば答える）

裁判官 裁判員の方、他にありますか。

（あれば）裁判員に発言を求める。

（なければ）次のセリフへ

裁判官 それでは、被告人質問を終わります。被告人は、元の席に戻って下さい。これで証拠調べ手続を終わります。これから10分間、論告・弁論の検討時間（❻❾）とします。再開は（　　　）時（　　　）分からとします。それでは休廷します。

［場面5］

4. 論告・弁論手続…❼❶

［論告・求刑］…❼❶（→p.209）

裁判官 それでは再廷します。これから両当事者のご意見を伺います。まず、検察官、論告を行って下さい。

検察官
⋮
❼❷
（→p.209）
まず、事実関係ですが、被告人の本件犯行は当公判廷において取調べ済みの各証拠によって証明十分と考えますが、改めて説明致します。被告人は清沢満之さんに対して死んでもいいと考え、自殺に追

206

●ポイント解説　（用語や注釈、演技のポイントを確認しましょう）

（★がついた解説はシナリオ改編のヒントとなるものです）

⑯★　異議が出せるところです。

⑰　再主尋問・質問はリカバリーするための尋問・質問です。証人(被告人)が相手側に追い詰められしどろもどろになっている、不利な状況になっていると判断したら、形勢をリカバリーするために再度尋問・質問を行いましょう。前述の状況にもかかわらず出さないことは証人・被告人を見捨てたも同然です。再主尋問・質問の場合、最初に「１つあります」というように何個あるのか示します。多くても５〜６個でしょう。

⑱★　他にあれば追加して質問してもかまいません。

⑲　尋問・質問の答えの内容次第で、新たに出てきた事実を付け加えたり、引き出せなかった事実を当初の案から削ったりして検討する時間です。

⑳　論告・弁論は検察側・弁護側にとって最後の主張の場です。この事件はこのように判断されるべきだと主張し意見を述べます。主張が正しいとされるためには、証拠が必要となります。証拠はこういうふうに見るべき、だからこういう事実が認められるなどと主張します。また、争いのある事実については、その意見と証拠の関係を具体的に明示して行わなければなりません。

裁判官の前にプレゼン資料を掲げて行う検察側論告

冒頭陳述と異なり聞き手を説得する必要があります。その場でいきなり立って述べてはいけません。ことばはどこで発するかによって、そのことばの力は変わってきます。この場合、一番訴えたい人の真正面に移動しましょう。証言台あたり裁判長の前かつ少し自陣営側まで来たら、すぐに始めるのではなく、裁判官・裁判員９名全員としっかりアイコンタクトを取って、最後にもう一度裁判長の目を見据えて十分に間合いを取ってからことばを発しましょう。弁論も同様です。他のメンバーは裁判官・裁判員の方を見据えましょう。チームとしての一体感が出ます。

い込みました。そのように主張する理由は３つ(**73**)あります。まず第一に「精神的に向上心のない者はばかだ」といったことばや、お嬢さんとの婚約が清沢さんを自殺に追い込んだのが明らかなことです。精神的に向上心のない者はばかだ、というこのことばは、かつて清沢さんが被告人に投げかけたことばであることは、被害者の日記からも明らかです。またこのことばにより清沢さんは人格を全否定された、狼に喉笛に食いつかれた羊のようだったと記していることから、清沢さんにとって計り知れないダメージを受けたことばであることは明らかです。また結婚話を知った時も日記に「ショック、淋しい」と記しています。信頼して唯一の親友と思っていた被告人に裏切られたことはかなりの衝撃を清沢さんにもたらしたことは明白です。

　第二に清沢さんへの言動が全て策略に基づくものであったことです。こういった言動が無計画になされていたならば、清沢さんもまだ救われたでしょう。しかし、被害者である清沢さんの羊のような素直で善良な性格につけ込み利用しました。清沢さんとお嬢さんが２人で話をするようになったことから交際に至るのではないかという危機感を抱き始め、以前から清沢さんに劣等感を抱いていた被告人は、同じ人を好きになった以上勝てないと思い、策をめぐらせました。清沢さんの恋の悩みを受けて気持ちを知っておきながら、清沢さんに対して恋を諦めさせる方向に持っていったのです。清沢さんが相談を持ち掛けた際に論理をすり替えたり、追究してきた学問の蓄積から容易に恋に走ることができない清沢さんの心理を利用しながら抜け駆けして婚約も決めてしまいました。策略を図られたことは清沢さんにとって、衝撃的なことであったに違いありません。

　第三に被告人は長年の友人が死んだにも関わらず、速やかに命を救う措置を何ら取っていないことです。もし発見した時にすぐに救急で搬送したならば命が救われる展開だった可能性もあります。被告人は命を救おうとするどころか、自分のエゴや世間体のために、遺書を読み終え安心してそれを机を目につくところに置く、という

『こころ』で文学模擬裁判

●ポイント解説　（用語や注釈、演技のポイントを確認しましょう）

（★がついた解説はシナリオ改編のヒントとなるものです）

❼ 「論告」は証拠調べが終わった段階で検察官が法廷で公訴事実や法律の適用について意見を述べること、「求刑」は刑罰を請求することです。論告は心は熱くても態度は冷静に、淡々とことばを発しましょう。
ただ紙面ばかり見てはだめです。できるだけ裁判官と裁判員９名の表情を見ながらことばを発しましょう。「極めて」ということばを使ったり大事なところを繰り返して強調したりします。

❼ 論告も弁論もルールオブスリーの原則（どんな複雑な物事でも３つに集約・整理できる）でまとめることが肝要です。その原則に基づいて、判決を下した理由を自分たちのことばで３点述べます（プロの判決文を真似する必要はありません）。
一番重要な理由は最初に、二番目に重要な理由は最後に、最も軽い理由は真ん中に挟んで述べましょう。primary 効果、recently 効果といって、人は一番最初と最後のことばが印象に残るのです。２つめまでを話したら、一旦整理して３つめに入ると、聴き手によりわかりやすくなります。

❼ 効果的に指差しをしましょう。１つめ、という場合、まず、指で示してそれから１つめの理由を述べます。まず「1」を指で示して注目を集めてから「１つめは、…」とことばを発するという順序です。指差しとことばの順序が逆になっても同時でもいけません。「show & tell」です。その場合肘を上げる角度も意識しましょう。

こころ

209

自分勝手なことをしています。人として命を優先してやるべき行為があったはずです。殺すことに値する行動です。

　これらのことから、被告人に「清沢さんが死んでもいい」という気持ちがあったことは否定できず、被告人自身、友人がどうなろうが意に介さない自分勝手な人間性であることは明らかです。被告人に対しては相当法条を適用の上（❼❹★）、（　　　　）に処するのが相当と考えます。

［弁護人の弁論］…❼❺

裁判官　続いて弁護人は、弁論を行って下さい。

弁護人
…
❼❻
　裁判官、裁判員の皆さん、改めて主張します。被告人・鎌倉先生さんは無罪です。検察官の立証は不十分です。検察官はさきほど鎌倉さんの「ばかだ」ということばや婚約を知ったことがダメージを与えて自殺に追いやった、と主張していますが、日記に清沢さんはそれらが自殺に直接つながったことについては書いておりません。あくまでも検察官の憶測に過ぎません。遺書の「もっと早く死ぬべきだのに……」の解釈ですが、清沢さんが遺書でお嬢さんの静さんのことについて言及していないことからもわかるように、清沢さんは失恋が原因で自殺したのではありません。清沢さんが道のためにプラトニックラブ、乃ち性欲を離れた恋さえ否定して生きてきた信条から考えると、お嬢さんに恋をした時点で死ぬべきであったと考えるのが自然です。ですからこの点からも決して鎌倉さんの言動や婚約が自殺に結びつくことは考えられません。恋愛の自由競争で負けたことを契機に勝手に自殺したとも考えられます。

　また検察官は先ほど、鎌倉さんの策略が被害者に衝撃を与えたと主張しますが、鎌倉さんは昔からの友人である清沢さんの窮状を見かねて善意から下宿に呼んだわけです。清沢さんが鎌倉さんを恨んでいないことは遺書からも明らかです。皆さん、信頼を寄せていない人に自分の死後の後片付けを託すでしょうか？　信頼しているからこそ、自分の遺体の処理も頼んでいるのです。清沢さんが２尺あけて死んだのも、鎌倉さんと心を通わせたいと思った証です。死

●ポイント解説　（用語や注釈、演技のポイントを確認しましょう）

（★がついた解説はシナリオ改編のヒントとなるものです）

⓴★　量刑については過去の判決を調べて考えてみましょう。また、この一文は重要なところなので暗記して、裁判官のほうを見ながら訴えかけましょう。

㉕　「弁論」は弁護人の最終意見です。弁論は論告と違って、情熱的に訴えてもよいでしょう。弁論は「後攻」の有利さもあります。検察官が述べた情状を訴えたりします。「論告」のことばをそのまま引用して矛盾を突けば効果絶大です。

㉖　大事な主張したいセリフは暗記して、裁判官・裁判員を見て、ことばを発しましょう。紙面を見て読んでは説得できません。

裁判官席のほぼ正面から行う弁護側弁論

ぬ日時を選んで土曜日に死んでいるのも、布団の上で死んでいることからも、できるだけ迷惑をかけないでおこうという心遣いが窺われます。

　裁判官、裁判員の皆さんは、鎌倉さんのやり方を卑怯だと思われるかもしれません、でも考えてみてください。鎌倉さんは信頼していた叔父に騙され、人間不信の中で出会って好きになったのがお嬢さんだったのです。鎌倉さんはそれを信仰に近い愛だと表現しています。その愛の目的物に競争相手が現れ、しかもその相手は自分より優れている。としたら、皆さん、何としてもその目的物を獲得したい、と思うのが人間として自然ではないでしょうか。アメリカには「恋と野球と戦争においてはどんな手段を使っても構わない」ということわざがあるくらいです。それが人間としての本質です。人間だれしも自分が可愛いのです。自分が大事なのです。鎌倉さんが自分の世間体を守ろうとして遺書をまず見たのも、自然な行為です。鎌倉さんと同じ状況に置かれて、自分は鎌倉さんのようなことはしない、と断言できる人はこの中にいるのでしょうか？　そう考えていくと、鎌倉さんの行動は責められるべきものではありません。

　鎌倉さんは清沢さんの自殺とは無関係です！　裁判官、裁判員の皆さんは、感情に流されることなく冷静な判断に基づく判決を下していただきますようお願い申し上げます。以上です。…❼❼

[被告人の最終陳述]

　裁判官　では、被告人は証言台の所に立って下さい。以上で審理を終わりますが、被告人として、最後に何か言っておきたいことがありますか。

　被告人　（　　　　　　　　　　　　　　　　　　）…❼❽★

　裁判官　これで結審とします（❼❾）。それでは、判決は本日（　　　）時（　　　）分に言い渡します。それでは一旦休廷します。

『こころ』で文学模擬裁判

●ポイント解説 （用語や注釈、演技のポイントを確認しましょう）

（★がついた解説はシナリオ改編のヒントとなるものです）

⑰ 大事な主張したいセリフは暗記して、裁判官・裁判員を見て、ことばを発しましょう。
紙面を見て読んでは説得できません。

⑱★ 「先生」になりきって、法廷には「静」がいることも意識して、考えて最後の思い
を述べてください。

⑲ 結審は、当事者が意見を述べたり、主張したり、証拠提出が終わった段階のことです。
裁判の終わりではありません。
結審の時点での時刻から評議の所要時間を加味して告知しましょう。

213

［場面6］

5. 判決言い渡し…❽⓪

裁判官　再廷します。被告人は証言台の前に出て下さい。それでは被告人に
　　　　対する自殺関与の事件について、判決を言い渡します。

　　　　（自殺教唆罪の場合）　　　　　：…❽①

　　　　　　　主文、被告人を懲役（　　　）年に処する。その理由を以下に述べ
　　　　ます。

　　　　（無罪の場合）

　　　　　　　本件では被告人を無罪とする。その理由を以下に述べます。…❽②

　　＊判決を言い終わった後、裁判長は被告人に説諭を述べる。…❽③

『こころ』で文学模擬裁判

●ポイント解説　　（用語や注釈、演技のポイントを確認しましょう）

（★がついた解説はシナリオ改編のヒントとなるものです）

⑳ 「判決言い渡し」とは、有罪か否か、科す刑罰を裁判長が言い渡すこと（宣告）です。裁判員はその場にいて、聞く必要があります。これが終わると裁判員の任務も終了です。判決文は主文（判決の結論部分）と判決理由に分かれます。通常、主文、判決理由の順ですが、死刑判決の時は順序が逆になることが多いとされます。「量刑」とは刑罰の重さと種類を決めることです。

㉑ 過去の判決も調べて考えてみましょう。

㉒ ルールオブスリーの原則（どんな複雑な物事でも３つに整理できる）に基づいて、その判決を下した理由を自分たちのことばで３点述べます（プロの判決文を真似する必要はありません）。一番重要な理由は最初に、二番目に重要な理由は最後に、最も軽い理由は真ん中に挟んで述べましょう。primary 効果、recently 効果といって、人は一番最初と最後のことばが印象に残るのです。

㉓ 裁判官から被告人へのメッセージです。主文と判決理由を読み上げた後に、改めて被告人の将来についてアドバイスする機会です。書面を見ずに、自分のことばで被告人に語りかけることが大事です。

215

7 登場人物のキャラクタリゼーション

　キャラクタリゼーションとは登場する人物の性格を設定し、人格を持たせることです。模擬裁判を進めるにあたって、人物の情報やエピソードから人物分析を行い、人物像をつくるキャラクタリゼーションが必要になります。文学作品である小説で模擬裁判をするにあたって、重要なプロセスになります。ここに力点を置く所が公民科と違う国語科の模擬裁判の特徴です。公民科の模擬裁判であれば、登場人物は人格がないＸでもＹでも、事実だけに注目すれば差し支えありません。しかし、小説をモチーフにしている以上、登場人物がどんな人物なのか、小説本文を読んだことを基本にして、資料を読み取ることが必要です。シナリオも、小説本文の登場人物に脚色を加えています。翻案した登場人物像が本文のそれと異なる点が少しあれば、シナリオに登場する人物像についてみんなで議論して考えていきましょう。

　文学模擬裁判では読みを深めるだけでなく、被告人や証人になり切って演技することが大切です。皆で議論してキャラクタリゼーション化した人物像に成り切って演技するために、この人物像の議論は大変重要になってきます。

8 配　役

　キャストと傍聴人に分かれます。以下はクラスの人数が 40 人の場合の一例です。

裁判官 3 名(裁判長・右陪席・左陪席)、裁判員 6 名、検察官 4〜5 名、弁護人 4〜5 名、被告人 1 名、証人 1 名、書記官 1 名、速記官 1 名、廷吏 1 名、司法記者 2〜3 名、傍聴人約 15 名。

　まず一番に決める際は被告人です。なぜなら被告人こそ刑事裁判の主人公だからです。被告人次第で模擬裁判も変わってきます。検察官や弁護士の場合、

『こころ』で文学模擬裁判

読む分担は細切れに分けるのではなく、場面ごとに分担するほうがスムーズでわかりやすくなります。異議は誰が出しても構いませんし、異議専門の係を決めるという手もあります。

　裁判官はどの場面も重要なのですが、分担する場合、開廷宣言から証拠採否決定まで、と判決言い渡しは最低限裁判長が負って、残りを右陪席、左陪席で担当する形もとれます。しかし基本的に訴訟指揮を執るのは裁判長なので、継続して担うのが自然でしょう。

　書記官や速記官は当日アドリブで発せられたセリフを記録する役目です。廷吏は裁判の進行係です（最初の起立・礼など）。司法記者は裁判の様子を取材し後日新聞を発行します（新聞社によりカラーの違いを出すために、検察寄り、弁護寄り、中立の視点で発行する工夫ができます）。何もしない単なる傍聴人を出さないために、傍聴人は 3〜5 名ずつに分けてスモール裁判体を形成します（実際はありませんが教育効果上作ります）。そして実際の裁判体が判決を出す前にそれぞれのグループごとの判決を発表します。ローカルルールとして傍聴人からの質問を受け付ける工夫もできます。

　人数がより少なく時間的にゆとりがある場合はキャストを 2 グループに分けて実施することも可能です。実際に同じ教材でも判決が分かれたりします。またシャドウキャビネットならぬシャドウ裁判体（最大 9 名）を構成して本来の裁判体の判決後に、シャドウ裁判体による判決も発表する形もできます。実践したところ判決が違ったことがありました。違えばなぜ違ったのか判決に至る判断の過程を分析することで、より学びを深めることができます。

9　医学的観点を活かした検証と　シナリオの改編

　さて、『羅生門』や『高瀬舟』と異なり心理描写が多い『こころ』を模擬裁判化することに対しては、生徒によっては（教員の中でも）抵抗があります。したがって、小説の読解と離れた所にあると感じさせないために、本文の読解との連続性を意識し、模擬裁判を読解の中の一方法として位置づけます。そのた

217

めに「ある検証」を行い、その検証結果をシナリオ改編に反映させます。

　その検証とはKの部屋にある机の位置の検証です。『こころ』所収「先生と遺書」四十八の場面(Kの自殺場面)は「なぜ二尺開けてKは自殺したのか」、「『墨の余りで書き添えた』という記述から、遺書はいつ書いていたのか」、「Kの血は寝ていた私の顔にかかったのか」などさまざまな疑問が生れる箇所です。中でも「Kの部屋の机の位置はどこなのか」という問いは生徒を夢中にさせる謎です。この問いは『こころ』の授業から生まれた問いで、毎年生徒に考えさせていました(テストにも出していました)。本文を読み返しても明確な答えはありません。この問いを考えることにより、法医学の知見を用いながら検証を行い、読みを深めその結果を模擬裁判に活かすことができるのです。

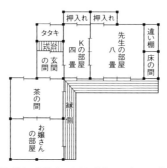

『こころ』下宿の間取り(玉井敬之1988『漱石研究への道』桜楓社 p.90 改)

　エピソードを交えて説明しましょう。2015年春博多愛友さんという生徒が「机がどこにあっても矛盾があるように思えてならないので、突き止めたい」と言ってきました。彼女が求めていたのは、医学的知識と自殺現場を再現した上での検証でした。とりわけ、Kは頸動脈を小さなナイフで切って死んだので、Kの自殺を考えるにあたり頸動脈の知識が必須だと考えたのです。その要望に応える形で元検察官を通じて法医学の先生を紹介しました(N先生とします)。N先生は大学法学部の授業で、『こころ』におけるKの自殺を法医学の観点から扱った経験をお持ちでした。その時彼女が頂いた資料には「小説と法医学は違います」とありました。資料内容はKが自殺と仮定して矛盾のない検死結果と考えられると解釈すべきなのでしょう。医学の見地は対象の個人に

より異なるので資料はあくまでも平均的なところを想定して考えられていると思われます。

　いずれにせよKがどのように自殺したかについては、医学的に知っておくことで、読みが深まることが考えられます。専門の知識があるからこその解釈や見解は非常に興味深く、もう一度客観的に作品を読み、再考するきっかけとなります。

　彼女の「左右どちらの頸動脈を切ったのか」という疑問に対しては「右利きならば右を切ることが多い」、法医学として必要な情報としては「Kの体格(身長・体重)、血圧、Kの部屋の広さと構造、利き腕、ナイフの形状(長さ・鋭利さ・創(きず)の向き)、自殺の季節」になるということでした。本文には「私は医者の所へも行きました。又警察へも行きました。然しみんな奥さんに命令されて行ったのです。奥さんはさうした手続の済む迄、誰もKの部屋へは入れませんでした」という記述があります。ここから軍人の妻だった奥さんには、検死場所の保全に関する知識があったことがわかるといいます。「先生と私〈十九〉」にはお嬢さんのことばに変死が出てきています。『坊ちゃん』には首吊りの話が出てくるので、漱石は変死に関する知識があったことが窺われるということです。また「血潮」からは法医学の視点から動脈血と解釈できるということでした。

　次の図は頸動脈の位置と内部の位置を示しています。

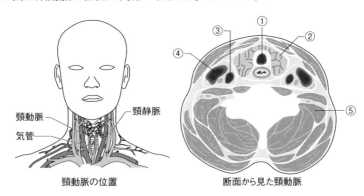

頸動脈の位置　　　断面から見た頸動脈

頸動脈は皮膚の下3センチ(右図の③)にあり、かなり深く刺さないと切れないことがわかります。小説通りに頸動脈を切るには良く切れる刃物で15cm

程の長さが必要となり、刺身を引くような切り方になるということでした。また、Kが襖からどれほどの距離で頸動脈を切ったのかを考える必要があるとのことです。

　博多さんによると、教わった血圧との関係で血液飛散距離を推定する計算式から、血が飛んだ距離を163cmと考えることができるようです。頸動脈での切損では脳血液量が不足し10秒から20秒で意識消失が起こり、最短1分、数分以内で死亡するとのことです。そしてKの自殺の場面について、法医学の立場から次の説明を受けたそうです。

　Kは4畳の部屋で、当初北向き立位で右手に小さなナイフを握り、左手を添えるように、右側頸部中央部分を斜め下方に、ナイフの先端部を皮膚に突き刺すように潔く切断した。右頸動脈は半ばまで切損されたため、多量の動脈血が数度迸り、私との間の襖に鮮血が飛び散った。襖には右から左に幾分低くなりながら飛散血痕が残され、それぞれの血痕からは斜め左向きに流下血液痕が残されていた。Kは迸る動脈血が右手に多く、左手にも少し付着、出血が多くなるに伴い、意識が薄れていき、左回りの体勢になり、布団の上にうつ伏せで倒れた。一気に切損したために、声を出すことは無かった。折りたたまれた掛け布団にも少量の飛散血液が飛び散った。意識を失ったまま死亡までの数分間、心臓の搏動は、心臓への環流血液が途絶えるまで持続するため、布団には、血液が染みこむとともに、ゼリー状となった凝固血液が膠着した状況であった。本来色白であったKの体は、出血のため、さらに紅みが失せ、顔面は蒼白であった。また、下方になっていた胸部の周辺(非圧迫部)の死斑は非常に軽度であった。私が抱き起こそうとした時には、死後数時間の経過があったため、頸部の硬直が出現しており、先生は、Kの首を曲げて、顔を見ることができず、覗き込む形となった。Kの右頸部からでた血液で、衣類の胸部には血液が付着し、腹部にも及んでいた。

　N先生より医学的知識を教授してもらった博多さんと、Kの自殺現場を再現して夏休みに一緒に検証を行いました。Kの部屋は先生の部屋の西側にあり、東側の襖の向こうは先生の部屋に通じ、反対側は玄関の間につながる廊下

二尺開いた襖の設定

使用したランプ

赤のテープによる江戸間の仕切り

2尺から見える段ボールの机

に通じています。北には押入れがあり、南側の障子の向こうは縁側です。彼女の考えに基づき検証にあたって「自殺は深夜に行われたため、暗幕で遮光。Kと先生の部屋を隔てる襖の代わりに衝立を代用。机は段ボールを代用。Kの部屋を江戸間四畳とし、長さを図って印付け。洋灯の代わりに蠟燭(あるいはランプ)を代用」と環境を整えました。「机」の位置をさまざまに変え、その都度部屋の明かりを調節して本文に照らし合わせて検証を繰り返しました(上の写真は検証時)。

次の文章は検証の様子の記述です。

　検証を開始する。まずは部屋の東南方向に机を置いてみた。「Kは洋燈の灯を背に受けている」や「振り返って、襖に迸っている血潮を初めて見たのです」といった描写に矛盾した。同じことを東北側においた場合にも言える。机を西寄りに置くことで描写の矛盾は解決した。では先生の部屋の正面に机があったらどうだろう。彼の部屋は江戸間の4畳と仮定している。先生の部屋から見て、Kの部屋の奥行きは176cmだ。「向こうむきに突っ伏して」いたKは長身だ。机の分を差し引きしてしまうと、当時の平均身長から考えても長身の男が仰向けに倒れることが難しくなる。となると可能性は

南西か北西のどちらかだ。

　（検証の結果）結論から述べると、私は南西に机があるとした。まず、右利きの人間は右の頸動脈の方が切りやすいというＮ先生の言葉に注目する。「自分で自分の心臓を破って、その血をあなたの顔に浴びせかけようとしているのです」という先生の遺書から先生はかつて顔に血を浴びせられたことを示唆していると解釈できるため、Ｋは北を向いて意図的に先生に血をかけようとして右の頸動脈を切ったと考えられる。また、Ｎ先生は傷口が小さい時のほうがよく飛ぶとも言っていたことを踏まえると、南のほうにある襖に勢いよくかかったと思われる。「振り返って初めて襖に迸る血潮を見た」とある血潮はこの襖についたものだろう。机が北にあると仮定した時、南の襖の血潮を見るには机の上の洋燈の光が弱すぎた。

　彼女が当初抱いた仮説は「北東角」でしたが、こうして「南西」に修正されたのでした。なぜ２尺なのか、という疑問に対しては、２尺となると人が自由に１人通れる「間」になります。ここからＫは先生と最後まで自由に行き来できるような関係を望んだことが窺われます。互いの部屋は互いの心の世界とも見立てることができます。自由に行き来できる２尺を開けて死んだということは、Ｋは物理的にも精神的にも先生と同じ空間にいたかったのかもしれません。２尺あけて死んだことで、最初に先生に発見して欲しかったとも読めます。遺書のことばからも、血潮の飛び散る距離からも、Ｋの血は西向きに寝ている被告人の顔にかかっているとみてよいでしょう。このように専門家の知識をもとに実況見分を吟味していくと、Ｋと先生の関係がみえてくるのです。

　法医学に基づいた読解や検証を行った博多さんは文学作品をさまざまな視点から見る面白さを知り「国語の授業だけでは法医学の話は聞けなかった。字を追うだけでは、２尺開いた襖の気味の悪さはわからなかった。Ｋの部屋にいると、読解に苦労したＫの胸中も分かる気がした」と振り返っています。文学という虚構にその内容に則したリアルな検証を施すことで当事者性を持ってリアルな文学体験をして、読みを深めることができるといえます。

『こころ』で文学模擬裁判

　このように、リアルな検証を行って小説(虚構)を読む方法を「実証的読解」と名付けています。この考えの下に、2021 年秋に『こころ』を既習した中央大学杉並高校３年生で、Ｋの部屋における机の位置はどこか考察し、途中シナリオの説明、弁護士による争点の説明、法医学的説明の録画の視聴を経て実況見分を皆で実施した上で模擬裁判を行いました。Ｋの机の位置についての考えは５通り出ました。受講した生徒は法医学で読み解く方法について「下宿の間取りを考えたり、Ｋの部屋の机の位置を考察したりすることで、それまで『文字』としてしかイメージできていなかった『こころ』の世界が実在するような感じがした。動いてみることで登場人物の感情をより深く理解できたような気がした」、「法医学の観点から考えると、単に小説を読んで想像したり話し合うより『こころ』の世界観に近づいている気がして楽しいです」、「1 つの小説をごく一部の点に着目して、データや原理を以て分析することでその小説の隠し味？というか本質に少し近づくことができると思いました」などの感想を抱いており、「衝撃を受けた」という声も複数ありました。また「机がＫの死体より向こう側にあったという結論になり、そうなると先生がＫの死体を通り越して遺書を読んだことになる。先生が冷たい人間である印象が強くなった」、「机の位置によってＫや先生の心情が変わってくるのに驚いた」、「Ｋが使った刃物の形状や血の飛び方から、Ｋが強い意志を持って自殺したということが分かった」、「机を見た時に、この位置だとすぐに遺書が見えない等、いろいろな発見があった」と記しています。実況見分と称して作品世界を立体的に再現し、「私(先生)」や「Ｋ」が居た場所の奥行きや目に映ったものを実際に動いて確認することで、登場人物の行動を追体験し、言動の意味により思いを馳せることができたと考えられます。人物の思考および行動について考察する際、同様の環境に身を置いてみることも有効な方法の 1 つだといえます。

　「本物の『先生』がいるかのように裁判し、もし自分がこうだったら、と小説ではなく現実の目線で考えることができた」、「裁判員だったということもあり、先生にＫが自殺してほしいという感情があったかなかったのかを先入観なしで考えることができた。それまでは自分が 1 回出した考えが邪魔をして、新たな考察をするのは難しいと考えていたのですが、実際に模擬裁判をやることにより、それまでの回を全て思い出しながら、一番深く考察することができ

223

実況見分の写真（左）下宿の間取りの広さを実際に測って確認する。
　　　　　　　（右）二尺開けた「襖」に見立てた衝立から「Kの部屋」を覗く。

模擬裁判本番の写真（左）模擬法廷の証言台に立つ「被告人」
　　　　　　　　　（右）ゲストの検察官と共に評議を行う「裁判官」と「裁判員」

〈いずれも中央大学杉並高校にて〉

ました」など、これらは検証を経て模擬裁判を実施した生徒の感想です。協力頂いた小泉尚子教諭は次のように述べられます（以下の記述は、札埜・小泉2023 p. 6〜12に基づいています）。

　やはり法廷でのやりとりのみでなく、法廷に至るまでの一連の活動を経験することが模擬裁判学習には欠かせない。有罪／無罪を考えるためには丁寧に根拠を拾い出し、どちらの判決が妥当なのかを判断しなければならない。そのために検証したり専門的な知識を得たりした活動が、彼らにとっては大変有意義だったと感じたようである。深く考えるためには、字面を追うだけでなくリアルに現わしてみること、分からないところを読み流さずになぜそうなのか／どうしたらそうなるのかを様々な観点から追究することの必要性を、彼らは学べたのではないだろうか。こうした一連の活動があってこそ、最後に設けられる法廷の場が考察を深め自身の読解の方向性を決定する集大

成の場として生きてくる。検察・弁護両側が繰り広げる主張を聞き、あらゆる解釈の可能性を自身の中で検討する。「有罪派の意見（死んでほしくないならまず延命措置を取るべき）を聞いて、一理あると思った」と生徒のコメントにあったように、登場人物が「なぜそれをしたのか」だけでなく、「なぜそれをしなかったのか」ということにも目を向ける。模擬裁判で彼らは登場人物の言動の意味を最大限に考え、さらには生き方について考えるのである。

　後日のアンケートでは「模擬裁判」を「面白かった」と答えた生徒が9割超いた一方で、模擬裁判化に対し、約半数の生徒が弊害は「ある」と答えている。「ある」と答えた理由は、①シナリオに架空の人物が登場する等、原作とややかけ離れている、②検察・弁護のどちらかの立場に立ってしまうと偏った考えに陥ることが懸念される、③フィクションをリアルのルールで裁くことに違和感を覚える、といった内容に大別された。これらの点には次の考えや方法で克服できると考えられる。

　①に対しては、模擬裁判のシナリオは原作にはない要素も取り入れているものの、原作の読解の一助となる創作物であることをより明確に伝える必要があろう。また、創作部分を検討する際、活発に話し合いシナリオに修正を加えた生徒たちからはこのような意見は出なかったので、検討を十分に行わせることで解消できると考える。②については、裁判はそれぞれの立場からただ頑なに意見を主張するものではなく、事実を拾い集めていく過程が重要となることなどを学習者に、より実感させたい。③は、罪を裁くという切り口で作品を捉えるという、これまで体験したことのない読み方にとまどいを覚えた感想である。反面、裁くという切り口を与えられ、描写の細部に改めて注目するようになった、という感想もある。「模擬裁判」学習の核は法廷でやりとりすることのみでなく、事実を丁寧に拾い新たな気づきを増やして読みを深めていく一連の活動すべてにある。生徒の主体的な検討の機会を増やすことで、①〜③は克服できると考えられる。

そして模擬裁判を終えた生徒たちの感想を引用して次のように纏られます。

　「模擬裁判を通した学習の良い点は、『実際に経験できること』である。従

来型の読解では、良い意味でも悪い意味でも『フィクションを取り扱う』という前提のもとに作品に触れていく。そのため、分析していく中でも作品に共感しきることができない。一方、模擬裁判は、裁判というロールプレイングに落とし込むためにシナリオで設定を補おうとしたり、血しぶきの量などを分析したりする。そのため、私たちは裁判に向けての制作過程を通して物語を実感することができた」、「模擬裁判では、『○○』という登場人物は有罪だ／無罪だ、という結論よりも、有罪／無罪を決める際に、登場人物の行動を分析し、彼らの気持ちを見つめるその行為自体に意味があるのだと思う。一度読んだ作品を、模擬裁判を通して、集団で、法的な視点から再解釈することで、物語の全く異なった一面を見つけ出したり、自分の解釈に自信を持てたりすることができる。数ある二次創作の中でも、模擬裁判は、『集団で行う』かつ『法の力を借りる』ので、斬新で、価値のあるものだと言える」（傍線小泉）。

　小説を題材にした模擬裁判を行うことで、学習者は作品の中で紡がれることばの一つ一つに注意深く目を向けるようになる。そして、登場人物がどう生きたのか、言動にどのような意味があったのか、よりリアルに分析・考察するようになる。「有罪か無罪か（もしくは特定の罪が適用されるか否か）」、その二項対立的な視点を生徒に与えてどちらかの立場に収めることが学習活動の骨子ではない。あくまでそれは、法的な切り口で投げかけることで生徒がテキストに真摯に向き合い、読解を深め楽しむようになる問いであり、読みの起点となる issue なのである。

　小説を模擬裁判的に読むことには抵抗感がある人もいるでしょう。しかし、その過程にはことばに着目する読みの行為が存在します。丁寧な読みを通して、単に有罪か有罪でないかを通り越し、その犯罪の向こうにいる人間を深く見つめることができるのです。

『こころ』で文学模擬裁判

10 演技

　演技の重要性は「大切なこと」(p. 11)でも述べた通りです。模擬裁判と小説には親和性があり、ことばの上で消化しきれないものを深められる手段として演技があります。シナリオ以上のものをどう表現するか、それを繋ぐのが演技ということです。「誰に向けてことばを発しているのか意識する」、「尋問では２方向に向けて言葉を発する」、「のどを開けた状態で発声する」、「法廷ではなく体育館をイメージして声を出す」、「声を張るのではなく声を届かせる意識で(声を届かせるためには腹式呼吸をして、横隔膜が収縮していることをしっかりイメージするのがコツ)」、「言葉と身体の一致を意識すること」など重要なポイントはどの文学模擬裁判でも変わりません。

　こうした点は現場教員の時、羽鳥三実広氏(「劇団四季」出身、現・大阪音楽大学短期大学部特別教授)から教わったことです。また羽鳥氏から教わったことで次のことばも心に刻まれています。

- ことばが生れるまでにはさまざまな背景がある。演劇でも現実生活でもことばにリアリティを含ませなければならない。
- 自分がわかって言っていることが相手に伝わっていると思うな。常に相手に伝わっているかを考える。上手な役者は一心不乱に演じているのではなくて考えながらやっている。

　どの役にせよ、なり切ることが大切です。なり切らなければことばに「命」が籠りません。被告人や証人と自分とはまったく違う人間だと思うかもしれません。その場合、少しでも共通点や共感できる点を探してみることです。どう考えても受け入れられない場合、もしかしたら自分が肯定したくない嫌な所を被告人や証人が持ち合わせている可能性があります。自分を見つめ直す契機になるかもしれません。被告人なら、証人なら、こう質問されたらこう回答するだろうと、頭のてっぺんから足のつま先までなり切れたらしめたものです。

　裁判官役の人は「法廷を支配する権力を持つ者は自分である」という意識と

責任感を持つことです。検察官や弁護人役の人はテレビドラマからでもいいので、自分が入りやすい「型」をイメージすることです。裁判傍聴に行けばさまざまな関係者がいますから、「本物」に接することでよりイメージをつくりやすくなるでしょう。裁判傍聴は模擬裁判への取り組む意欲や問題意識に効果をもたらし学びのスイッチが入るので、長期や試験休暇にぜひ傍聴に行くことをお勧めします。開廷表（その日の裁判の予定表）の存在、マナー（最前列は関係者席なので後ろから座る、声を上げて笑って退廷させられた生徒がいた、傘は武器になるので持ち込まないなど）、見方（「新件」、「審理」、「判決」とあって「新件」が一番わかりやすい）など事前に説明しながら、終わってから素朴な疑問はもちろん、法廷にいる人を見て何を思ったのか、裁判を通じて自分の生きる世界や社会にどんな繋がりを感じたのかなど振り返りの交流や感想をすることでより深まり、自身の演じる役にも奥行きが出てきます。被告人役を演じた生徒は傍聴で実際に被告人を見て衝撃を受けたと言います。メディアで見るような黙秘したり、遺族を逆なでするような被告人をイメージしていたところ、実際の裁判で見た被告人は、やってしまったことに素直に反省の弁を述べる普通の人だったからです。それまでは自分と被告人になるような人は違うと思って、境界線を引いて演じようとしていました。しかし傍聴を通じて、被告人が自分や周囲にいる人間の延長線上の存在として、実感を持って想像できたことが大きかったようです。普段は想いを馳せていなかった「被告人」へ想いを馳せることができ、一気に理解が進んだような感覚だったといいます。

　裁判員であっても自分は国民から選ばれた人間であるという意識を持って演じる必要があります。裁判員裁判も開廷されていますから、裁判傍聴することでイメージが膨らむでしょう。意識の持ち方次第で、裁判員として質問もスムーズにできるはずです。演技することにこだわる理由は「表現は論理を磨く」という国語科教育の考えに基づきます。頭の中だけ、机の上だけで考え込むのでなく、実際に考えた文（文章）をことばに出すことにより、今まで思いつかなかった考えが浮かんだりします。「感想文が書けない」のではなく「感想文を書かない」から「書けない」のです。表現しないと気づかないことは多くあるということです。

　大学生が模擬裁判に取り組んだ時の、「今、証言台にいる人はどんな気持ち

なのか想像していますか。法廷に来ている人は緊張してことばも滑らかに出ないはずです。そのたどたどしいことばをいかに表現できるか、法廷に立っている人の思いを想像して優しく包み込むことばを発せられるかです。ただことばを発するのではなく、発する相手がどんな気持ちでそこに立っているのか考えながらことばを発しなければなりません」という舞踊研究者の助言、「人を説得する方法は２つある。大きな声で、ゆっくりと。これだけ」という石塚伸一氏（龍谷大学名誉教授・弁護士）の教えも基盤としてあります。

　個人へのアドバイスでもそれがクラス全員で共有できるように意識して、キャスト以外も見学した上で指導することで、傍聴する側の目が養われます。決して演技指導の効果はキャスト個人に留まりません。昔のことばを使ってバリエーションを持たせたり、ポケットに手を突っ込み冒頭陳述を行うなどニヒルなキャラをつくり込んだり、多様な成果が演技指導で生み出されます。

　現時点での仮説として「なり切る」プロセスを示しておきましょう。

①　「なり切る」対象者に関する資料を読み込み、人物像を理解する。

②　その対象者と自分自身のズレ（違和感）を抽出する。

③　対象者の視点で再度資料を読み合わせながらそのズレ（違和感）を修正する。

④　そのズレが納得できない、「ひっかかり」がある場合は無理に頭の中で理解しようとしない。

⑤　「ひっかかり」があってもなくても実際に身体を動かして演じてみる（「ひっかかり」を感じた時に、自分の思考や仲間との議論の中で「きれいに予定調和的」に理解しない。違和感を抱きつつ想像しながら身体を使って演じて考える）。

⑥　法廷でどんな対象者を演じるか戦略（方針）を立てる。

⑦　立てた上で、さらに身体的に演じる。

⑧　なり切った状態になったと感じても、常に客観的に見ている自分を意識して、対象者と自分を行き来しながら演じる。

　「こころ」の模擬裁判では、被告人である「私」は「静」のことを考えながら、「罪」にも揺れながら答弁することが考えられます。法廷に「静」がいる以上、どこまでも静を守ろうとして、彼女を悲しませる言動を慎むはずです。「私」はＫに対して卑怯なことを行ったことへの自覚があるので、Ｋに対して

申し訳ないという気持ちは十分にあるでしょう。そういう意味では「教唆」にあたるといわれたら、それを受け入れる心情があるかもしれません。しかし「静」のことを考えた場合、受け入れることなど到底できない、と考える「私」も否定できません。どういった「私」を描くことになるのか、『こころ』本文から読み解いたことをもとに、シナリオをどう読むかに関わります。

　証人である「上宮和子」は、Kの姉という設定ですが、小説の中で具体的に描かれているわけではありません。K自身が養家を欺いて絶縁状態にあるわけですから、本家の家族として気持ちは複雑でしょう。姉はどのような思いで弟を見ていたのでしょうか。シナリオでは、弟は「私」に殺されたという思いを持った存在として描いています。しかし、小説に書かれていない存在だけに、どういう人物像を描くかは、演じる人に委ねられます。

11 模擬裁判本番　評議・判決・振り返り

　本番の『こころ』裁判の流れの一例（100分の場合）を示しておきます。

＊途中裁判官や裁判員からの質問時間あり。当日は休み時間なし

進行時間	担　当	手　　　　続	所要時間
場面 1			
0：00	裁判官	開廷、冒頭手続（検察官による公訴事実含む）	3分
0：03	検察官	冒頭陳述（これから検察官が証明しようとする内容）	2分
0：05	弁護人	冒頭陳述（弁護人から見た事件のストーリー）	2分
場面 2			
0：07	裁判官	証拠採否決定	1分
場面 3			
0：08	検察官	証人・上宮和子への主尋問	7分
0：15	弁護人	証人・上宮和子への反対尋問	7分
0：22	検察官	証人・上宮和子への再主尋問	1分
0：23	裁判官裁判員	証人・上宮和子への質問	5分

場面4			
0：28	弁護士	被告人・鎌倉先生への主質問	7分
0：35	検察官	被告人・鎌倉先生への反対質問	7分
0：42	弁護士	被告人・鎌倉先生への再主質問	1分
0：43	裁判官裁判員	被告人・鎌倉先生への質問	5分
場面5			
0：48	双方	論告・弁論検討時間	3分
0：51	検察官	論告（証明内容のまとめ説明）・求刑	5分
0：56	弁護人	弁論（検察官の不備指摘・主張のまとめ）	5分
1：01	被告人	最終陳述	1分
1：02		（別室移動）	3分
1：05	裁G	評議、他グループ振り返り	20分
場面6			
1：25	裁判官	判決（、説諭）	3分
1：28	生徒・ゲスト	ゲストからの講評、生徒の振り返り、担当教員	12分以内
1：40	教員	最後のことば	

　評議は別室で裁判体（3名の裁判官・6名の裁判員）が行います。授業では裁判長が司会をすることが多いですが、必ずしも裁判長が行うルールはありませんので陪席裁判官が行ってもかまいません。9名全員の発言量が同じになるのが理想です。サイレントパートナーは不要です。サポート役として法曹か教員が1名いればベターです。原則議論は生徒たちに任せます。その場合事実は何か、ということを確認しながら議論を進めます。やりとりから資料にない新たな事実が現れた場合は、それもあわせて考える必要があります。議論する際のルールは2点です。①議論は乗り降り自由（自分の意見に固執せず、良い意見だと思ったら意見を変えても差し支えない）。②議論の下の平等（議論する者同士は皆平等。人格の攻撃はご法度だが、意見を戦わせることは自由。議論が終わればノーサイド）。

　最終的には全員一致がベストですが、時間が足りない場合は多数決もやむを得ません。その場合は裁判員裁判のルールに則り多数決を行います（有罪の判断

には、裁判官・裁判員の各々1名以上を含む過半数の賛成が必要。これで有罪とならない場合は無罪）。判決文はプロの文体を真似する必要はありません。まず結論を述べてその結論とするに至った理由を3つ述べます。「ルールオブスリーの原則」です。この世のありとあらゆるものはどんな複雑なものであっても3つに集約できます。ただ理由は1つや2つでは弱いのです。「鼎（かなえ）」という容器は足が3本あるから安定しています。「3」は安定を意味します。4つ以上は多過ぎです。いくらでも理由があるからといってすべて言われても頭の中に入ってきません。「3」なら入ってきます。もしホームルームで担任が「皆さんには9つ約束してほしいことがある」と言われたら聞く気になるでしょうか。でも「3つ約束してほしいことがある」といわれたら聞こうという気持ちになるでしょう。人を説得するには「3」というのが一番強くて安定するのです。プライマリー効果、エフェクトリー効果といって人は最初と最後のことが記憶に残ります。3つの理由のうち、一番重要な理由を最初に、二番目に重要な理由を最後に、重要度の最も低い理由を真ん中に据えて述べます。難しい法律用語は一切必要ありません。主人公である被告人が聞いてわかることばで判決文を作ることが大事です。

　裁判体が評議を行う間、法廷ではキャストや傍聴人で振り返りを行います。傍聴人グループはあらかじめ分けておいたグループごとに考えた判決とその理由を発表します。その場合ミニホワイトボードがあれば便利です。司法記者は裁判の記事を書く場合、どんな内容にするのか、もし見出しをつけるとしたらどんな見出しになるのか発表します。速記官、書記官はシナリオとは違う点について発表して、廷吏を含めてそれぞれの目線から見た裁判の感想を語ります。そして被告人、証人、検察官、弁護人はそれぞれなり切れたのかどうか、尋問質問での反省（こうすればよかったなど）、やってみての思いを将棋の感想戦のように語ります。振り返りは「やって終わり」ではなく学びを総括するためにも必要な営みです。また実際に振り返ることで、あの時はこういう気持ちだった、などさまざまな思いが吐露されて、盛り上がります。

　評議終了後、直ちに再廷し判決を言い渡します。判決を言い渡した後、有罪の場合、説諭といって裁判長が被告人に説教的な内容を述べますが、被告人を見て語りかけることが大事です（説諭には裁判長役の生徒の個性が現れるので、模擬

裁判ではあえて無罪でも説諭を述べさせたりもします)。

　振り返りは話しことばだけでなく、書きことばでまとめることでより深く考えることができます。各文学作品は現代社会にも関わってくるさまざまなテーマを含んでいます。『高瀬舟』であれば「安楽死」、『羅生門』であれば「社会的孤立」、『こころ』であれば「人間存在」など、文学模擬裁判を通じて深めた学びをもとに再度原作を読み返すことで、人間や社会について新たな気づきが生まれるはずです。

コラム　山田悦子さん②「法を学ぶということ」

【プロフィール】　山田さんと筆者は 2010 年 6 月の作家・故松下竜一氏の「竜一忌」で出会った。指導していた日弁連主催の高校生模擬裁判選手権の台詞「疑わしきは被告人の利益に」を耳にする度に「胡散臭さ」を感じたことで、2011 年 7 月、当時の勤務先(京都教育大学附属高校)にお招きし講演を頂いたことがご縁の始まりである。

　法治国家に住んでいるけれど、法を理解しないときちんと国家を糺せないと思いました。国は刑事訴訟法に則って粛々と私を逮捕したわけです。感情だけで、やっていない、と主張してもダメ。ちゃんと法を学んでシステムを知る。そして法のできた歴史を知る。学ぶことで人間の法に込めた心や精神、法体系のできたことがわかりました。1789 年フランス人権宣言が人権思想の始まりです。法は温かいとなったのです。無罪推定は人間の温かさのもとに生まれました。なければ未だに有罪推定でした。冤罪は「司法のドメスティックバイオレンス」です。司法は間違わないと神聖視してしまいますが、そんなことはありません。冤罪の背景として人権思想が十分に醸成されていないことがあります。日本国憲法は人権を保障して国家を縛っているはずですが、検察官に控訴権を与えています。無罪を否定する権利です。先進国ではおかしいことです。刑事裁判の目的は無辜の無処罰です。先進国なのに無罪推定の条文が憲法にない。冤罪に対して社会はどう向き合うのか。無罪報道が華々しく報道され社説なんかで冤罪はあってはならない、と何度も書かれていますが、司法権にメスを入れ権力をチェックしなければ意味がありません。いくら無罪を訴えても救うような法整備ができていないと悲劇は続くのです。1983 年時点で作られた「冤罪マップ」(日本評論社『法学セミナー』7 月増刊号所収)がありますが、その時点で 80 件近くあります。冤罪は問わない限り社会に顕れません。『冤罪白書』(燦燈出版)が発行される現状は嘆かわしい限りです。「冤罪列島日本」です。
　マスコミの本来の使命は国民の人権を守るための権力チェックなわけです。それがなっていないです。警察発表を鵜呑みにして犯人視した報道をしています。メディアは今もそうで権力チェックするほどの思想的な力がありません。無実を訴えている国民の声に耳を傾けないで警察、検察に迎合するのが日本の報道の在り方です。しかし法的に報道規制することについては国家権力の介在を許すことに繋がります。マスコミが萎縮して言論の自由が脅かされることになります。マスコミは人権思想を持って国家権力のチェック機能を果たすこと、私たち市民は人権思想をもって社会的行動に移すことが求められています。当時の報道では、マスコミは警察側の言い分を鵜呑みにして、裁判が始まってない頃から私を報道の上で断罪してきました。一審の無罪判決後も、心ないバッシングを世間から受けました。取材を断った週刊誌の記者は玄関先で唾を吐いて立ち去っていきました。処分保留で釈放され国家賠償請求の裁判を起こして民事裁判で無実を訴えた時、夫にもお金を目当てに結婚し

たんやろ！といやがらせがありました。被告人として生きてきたので、無罪になった時は解放されたという気持ちはありました。でも実感として癒されることはなかったです。普通に持つ笑い、喜びがもぎ取られていたなと。2018年にテレビの番組を見てて笑ってしまったことがあるのですが、その時に人間の自然な感情が奪われてきたんだなあと思いました。闘う以上涙を見せられませんでしたし、感情を閉じ込めてきました。人間の感情を奪い取られてきたんですね。

　私は保釈されてずっと社会で生きてきましたが就職の道は絶たれました。保育士や幼稚園教諭の資格を持っていても刑事被告人を雇う所なんてありません。無実でも一度被告人になったら社会復帰できないです。晴れたとしても植えつけられた認識は消せません。社会が記憶するのは「甲山の山田悦子」です。それを背負って人生を終えることしかできない。人間としてプライドを持ってどう生きるか司法権の体験をものにするしか生きる道はないのです。恨みはありません。恨んでもしょうがないです。誰かを憎むことや恨むことからは何も生まれません。冤罪体験は否定できない事実です。体験から学ぶというポジティブな考えがなければ人権思想は生まれてきません。日本の国民性は emotionalism です。法の精神は人権を擁護する躍動感溢れる人間の心から生まれます。刑事司法の理念「無実の推定」が法に明文化されていないのが日本です。諸外国は憲法に明文化しています。しかし日本では誰一人として明文化する声をあげません。法とは何かを学ばない限り、自分の中で生きていく希望は見出せません。ドイツの法学者であるルドルフ・フォン・イェーリング(Rudolf von Jhering, 1818〜1892)の『権利のための闘争』が心の支えになりました。「法＝権利(recht)の目的は平和であり、それに達する手段は闘争である」という一文が冒頭に高らかに宣言されます。人権思想は闘い取られたものです。闘うというのは抵抗、すなわち国家社会の不正に対する抵抗であり、これがないと人権思想は生まれません。自分の責任において人間とは何かを考える、死ぬまで学び続けようと思うから冤罪被害についてお話できる。冤罪被害から、法がいかに大事であるか、チャーミングであるかを学びました。法を知ることは人間の歴史を知ることであり、人間の歴史を知ることは、そこに人権思想の歴史があることを知ることでもあります。人権思想は気持ちだけでは機能せず、法によって初めて機能します。冤罪は確かに辛い体験でしたが、それ以上に深く学ぶことができたことは私の知的財産になっています。私にとって冤罪甲山事件は「甲山大学」でした。法は温かいものであり、その温もりで人間の存在を抱きしめないと社会は良くなりません。血の通った生き方、考え方からしか人権思想は生まれないのです。そして学んだことは思想化しなければいけません。学び考えたこと、これから学ぶことを独り占めせず、それらをもとに、自分はどう生きて、どう社会に関わっていくのか、どう人々に還元していくのかといったことに思いを巡らし、熟成させていくことです。個々に思想化していくことが大事です。

主な参考文献

明田鉄男(1990)　　『日本花街史』雄山閣出版

荒木敏夫(2017)　　「平城京と平安京の羅城門─歴史の記録と記憶」『専修大学人文科学研究所
　　　　　　　　　月報』287号 pp. 27-35

石田孝喜(2005)　　『京都　高瀬川─角倉了以・素庵の遺産─』思文閣出版

石原千秋編(2014)『夏目漱石「こころ」をどう読むか』　河出書房新社

宇治市歴史資料館編(1990)『平安時代の宇治─王朝文化の語り部たち』宇治市教育委員会

大隈三好(1982)　　『江戸時代　流人の生活』　雄山閣出版

小笠原信夫(2007)『日本刀─日本の技と美と魂』(文春新書)　文藝春秋

加藤政洋(2009)　　『京の花街ものがたり』角川学芸出版

片山一道(2015)　　『骨が語る日本人の歴史』(ちくま新書)　筑摩書房

後藤昭監修　日本弁護士連合会裁判員制度実施本部　法廷用語の日常語化に関するプロジェクトチー
　　　　ム編(2008)『裁判員時代の法廷用語─法廷用語の日常語化に関するPT最終報告書』　三省堂

小森陽一(2020)　　『夏目漱石「心」を読み直す─病と人間、コロナウィルス禍のもとで』　か
　　　　　　　　　もがわ出版

近藤好和(2010)　　『武具の日本史』(平凡社新書)　平凡社

繁田信一(2020)　　『平安朝の事件簿　王朝びとの殺人・強盗・汚職』(文春新書)　文藝春秋

重松一義(2011)　　『日本流人島史─その多様性と刑罰の時代的特性』　不二出版

ジュリアーノ・フォルナーリ　加藤季子訳(1997)
　　　　　　　　　『人体絵本─めくってわかる　からだのしくみ─』ポプラ社

杉本宏(2005)　「平安時代の宇治を発掘する」pp. 13-23、「権門都市宇治の成立」pp. 103-119
　　　　　　　『佛教藝術』279号／(2006)『宇治遺跡群　藤原氏が残した平安王朝遺跡』同成社

染井元子(2018)　　『漱石を"間取り"で読む　「こころ」恋ルートにある居住空間』　文芸社

髙橋　敏(1996)　　『江戸の訴訟─御宿村一件顚末』(岩波新書)　岩波書店

竹内常一(2005)　　『読むことの教育─高瀬舟、少年の日の思い出』　山吹書店

玉井敬之(1988)　　『漱石研究への道』　桜楓社

出口雄一・神野潔・十川陽一・山本英貴編(2023)　『概説　日本法制史〔第2版〕』　弘文堂

秦　恒平(1998)　　『湖の本エッセイ17　漱石「心」の問題』「湖(うみ)の本」版元

浜野　潔(2007)　　『近世京都の歴史人口学的研究─都市町人の社会構造を読む』慶應義塾大
　　　　　　　　　学出版会／(2011)『歴史人口学で読む江戸日本』　吉川弘文館

福永酔剣(1995)　　『刀鍛冶の生活』雄山閣出版

藤井　淳(2014)　　「夏目漱石『こころ』─百年の謎を解く(一)」『駒澤大学佛教学部論集』第
　　　　　　　　　四十五號 pp. 221-240

札埜和男(2021)　　『「総合的な探究の時間」に使える「文学模擬裁判」実践ブック　森鷗外『高
　　　　　　　　　瀬舟』を「国語的模擬裁判」で読み解く』公益財団法人日本教育公務員弘
　　　　　　　　　済会(令和2年度日弘教本部奨励金助成・実践研究報告書)／(2022)『国語科
　　　　　　　　　の視点を取り入れた新科目「公共」で活用可能な模擬裁判メソッドの研究開
　　　　　　　　　発2021年度成果報告書』科学研究費助成事業(学術研究助成基金助成金)基
　　　　　　　　　盤研究(C)(一般)JP20K02809(研究代表者　札埜和男)〈2020～2022年度〉

ミヒャエル・シュンケ他　坂井建雄・松村讓兒監訳(2007)
　　　　　　　　　『プロメテウス解剖学アトラス　解剖学総論／運動器系』　医学書院

三宅義藏(2022)　　『「羅生門」55の論点』　大修館書店

山口　博(2015)　　『日本人の給与明細　古典で読み解く物価事情』(角川ソフィア文庫)　角川書店

山田邦和(2012)　　『日本中世の首都と王権都市　京都・嵯峨・福原』　図書出版文理閣

リチャード・アレン・ポズナー　平野晋監訳(2011)　　『法と文学(上)』　木鐸社

脇田晴子(2002)　　『日本中世被差別民の研究』　岩波書店

渡辺貴裕他(2020)『なってみる学び　演劇的手法で変わる授業と学校』　時事通信出版局

236

おわりに―文学模擬裁判のススメ―

「人間が見えてくる、ことかなあ…」

2002年初めて模擬裁判を見た時に、主催していた教員のO先生に「ディベートとどう違うんですか？」と尋ねた時に返ってきたことばです。「ええことばやなぁ」と思いました。O先生が「論理的思考力（、表現力、コミュニケーション力等）が養われる」と回答されていたら「へえ、そうですか」となっていて、模擬裁判をしていなかったでしょう。「人間が見えてくる」、ということばに心を鷲摑みされたのです。模擬裁判の教材としての魅力は「犯罪を糸口にして、欠点だらけで矛盾に満ちた人間、不条理な社会というものを知り、深く考える。教科書が並べ立てるような、きれいごとではない社会の裏側が見えてくる」（中国新聞2020年10月14日付）ところにあります。

次は卒業生・Iさんとの対話です。Iさんは日弁連主催模擬裁判選手権に反対尋問担当として出場、2年連続MVPを獲得し法曹を多く輩出する大学法学部に進学しました。

「先生、京都教育大学附属高校は第1回から模擬裁判選手権に参加してきたのに、法学部に進学する人はほとんどいませんよね。なぜだか考えたことはありますか？　京教では人間が立ち上がってくる模擬裁判をやりましたよね。よく先生は『人の気持ちを考えろ、被告人のことを考えろ』と言われましたよね。法学部に行ってわかりました。法学って別にあまり人間の気持ちを考えなくていいんですよ。司法試験に受かる勉強って、人の気持ちを考える必要は一切ありません。先生が指導された模擬裁判って無駄が多かったんです。法律的に考えれば、もっとサクサクッとできるんです。過去11回のうち8回優勝できて3回は準優勝でした。3回の準優勝は余計なことをやり過ぎて優勝にたどり着けなかったんです。もっとサクサクとやれば優勝できたんです。でもね、法学部へ行って、京教でやった模擬裁判が非常に懐かしいんです。先輩方は気づいていたんですよ。模擬裁判自体はおもしろい。法学部に行ってこれと同じことができるとは限らない。だから、覚悟を持った人しかうちからは法学部に行かないんです。先生は一体私たちに何を学ばせたかったんですか？　さっき先生は言いましたよね。模擬裁判をやって法的思考力がつく、論理的思考力がつく、表現力がつく。でも本当にそれが学ばせたかった目的ですか？」「いや、違う（ちゃう）。僕が学ばせたかったのは、不合理な人間という存在を考える、そういうことやな」

237

「そうですよね。先生がいろいろと言われた模擬裁判の目的は全部、人間を深く考えるという手段なんです。たまたま京教は審査員の方々から褒められました。あれは、人間を深く考えるという手段を深く追究していって、自然に伸びていったことなんです。先生はたまたま模擬裁判に出会ったんであって、必然ではないんですよ。人間を深く考えるに当たってぴったりの『模擬裁判』に先生は出会った。先生は模擬国連に出会っていたら、私たちに模擬国連をやらせていますよ」

　検察官のように鋭く「有難い」追及は、たまたま出会った模擬裁判から文学模擬裁判を生み出すきっかけをつくってくれました。模擬裁判は開かれた「人間・社会」学の教材です。何に焦点を当てるか、どんな生徒を育てたいのか、どんな社会を未来に見るのかが問われます。この活動に議論は欠かせません。楽しさを見出した生徒の感想です。
　「どんな状況のどんな意見でも同じように扱われる所に魅力がある。通常生きる世界では空気読めよ、となるがそんなことはない安心感があった。普段は多数決で諦めねばならないけれど、模擬裁判はそんなことがない」、「自分の意見はぐさぐさ刺されしょぼんと消えていきます。他人の意見も然り。否定されどうすればよくなるか考えることは今後に生きてきます」、「法律には興味が持てなかったが模擬裁判には答えがないからずっと議論できる」、「普段日常生活って批判されないですよね。でも模擬裁判という非日常の中では、基本そうやな、という同意ではなくて議論から始まる」
　本当に議論していくことで批判的精神が育っていきます。「裁判員裁判ではわかりやすいことばが良いように言われていますが、本当にそれで良いのでしょうか。ことばをわかりやすくすることで伝わらなくなることがあると思います」、「模擬裁判をやった後は反対寄りになりました。普通の感覚だけで判断するのは難しいと考えます。犯罪って非日常ですよね、非日常を裁くのに『普通』では難しいと思うんです。…裁判員制度は廃止されるべきです。裁判員を経験した人にはやって良かったという人が非常に多いということですが、それは私達と同じように模擬裁判をやって良かったと同じ感覚じゃないでしょうか。そう簡単に無罪推定の原則が理解されるとは思いません」
　本気で議論することを味わった生徒たちは裁判員制度自体への批判を抱き始めます。裁判員制度を所与のものとして何の疑問も抱かない生徒、単に裁判員に選ばれても大丈夫と思う生徒を生み出す教育は「物言わぬ市民の再生産」です。プロの裁判官にノーと言える市民を育てることこそ社会は進歩します。議論の楽しさを経験し裁判員制度を批判する生徒がどんどん出てくることで、制度は練られていくはずです。裁判員制度に対して距離を抱くのは正常な感覚です。人を裁くこと自体が「神の領域」です。勉強が苦手だった生徒たちを「裁判傍聴」に連れて行った時の感想が忘れられません。「先生、そんなン見てエエんか？　俺らは関係ないヤン。そんなン見たら、その人に申し訳ない

おわりに

ヤロ」。被告人役を経験した生徒は「被告人役を経験することで、全知全能の神とはなり得ない人間が、人間を裁くことに恐怖感に近いものを感じた」と述べます。

　人間の愚かさや、人生の不可思議さへの気づきがあってこその法的思考力や判断力です。その基盤がないうえで、学習指導要領の求めるままに、資質・能力を育てることには疑問を抱きます。文学模擬裁判を通じて人間とは何かを深め、批判的思考力を持つ生徒が生れることを願います。自ら「模擬裁判師」と名乗って、全国各地にこのような文学模擬裁判の魅力を「布教」し、伝え広めたいと思っています。日本で客死したキリスト教宣教師について中高生で学んだ時は「なぜ」としか思いませんでしたが、命を賭して日本にやって来た宣教師の気持が以前よりはわかります。文学模擬裁判を一生賭けて隅々まで広げる覚悟です。飽き性の筆者が 20 年以上も続けて来れたのは、毎回異なる生徒さんたちと同じ地平で一緒に考え、正解がない融通無碍の面白さを味わえるからです。

　「生徒から出てくる疑問は全て教材です。その疑問に教師はいちいち答えようとしなくていい。教師は何でも教え込もうとする。生徒を馬鹿にし過ぎです。もっと信じなくてはだめです。模擬裁判では教師も生徒も同じ素人、同じ地平に立っている。だからわからないことを一緒に考えていけばいい」

　鷲掴みにされてこの世界に入った筆者に、模擬裁判のイロハを最初に教えて下さった同じ「和男」という名の弁護士さんのことばです。「探究」に求められる「教育の本質」を突いたことばです。（文学）模擬裁判という教材は「探究」に満ちた存在であり「果てなき道を楽しむ」意味で「道楽」です。「楽しいそう、やってみよう」と思われたでしょうか？　リクエストを頂けたら北海道から沖縄、世界の果てまで参ります。

　この書は（文学）模擬裁判にトライ頂いた生徒さん、先生方、学生さんたちがおられてこそでき上がった作品です。コラムの収録校正にご協力頂いた後藤貞人氏、遠山大輔氏、山田悦子氏にもお礼申し上げます。現場の視点からご意見を下さった宮田拓先生（岡山操山高校）、英訳を創って下さったヒューレット柳澤えり子先生（東北 IHS）、歴史的な観点からレクチャー下さった高正樹先生（京都教育大学附属高校）、映像資料制作にあたり多大なご理解とご協力を頂いた雲雀丘学園の米山幸宏先生や生徒の皆さん、経験者の視点からチェック頂いた青木まり子さん・小杉朱里さん・出来芳久さん、シナリオ作成でお手伝い頂き、法律的なご助言を常に下さった伊東隆一弁護士（奥村・岡田総合法律事務所）、文学模擬裁判が育つ環境をつくって下さり「基本的な法律の知識」について監修頂いた石塚伸一先生（龍谷大学名誉教授）には改めて感謝申し上げます。他にも執筆にあたり大変多くのかたがたにお世話になりました。心よりお礼申し上げます。この書に良い点があれば関わって下さった方々のお陰です。拙い点は著者の責任です。

　この本を世に出すきっかけを頂いた清水書院の皆様、本当にありがとうございました。

著者略歴

札埜和男 （ふだのかずお）

龍谷大学文学部准教授。1962 年大阪府交野市生まれ。慶應義塾大学法学部政治学科卒業。博士（文学・大阪大学）。専攻は国語科教育・法教育・方言学。現場での教員生活 31 年（中学校 2 年・高校 29 年。担任 20 回）。最初の 3 年間は社会科教員であった（国語・社会・英語の中高免許状所有）。2017 年 4 月より岡山理科大学教育学部准教授、2022 年 4 月より現職。20 代から 30 代にかけて高校野球の監督を務め生徒と共に甲子園を目指すが、5 年連続夏の大会初戦敗退の現実に野球監督としての才能に限界を感じ、分析力を生かして教育実践の傍ら研究の道に入る。日本弁護士連合会主催の高校生模擬裁判選手権では、京都教育大学附属高校在任中過去 10 大会中 8 回優勝 2 回準優勝に導く。コロナ禍の 2020 年 8 月 9 日には日本初のオンライン高校生模擬裁判選手権を研究室主催で開催した。以降年 2 回文学模擬裁判の大会を開催する。三度の飯より模擬裁判を好み、模擬裁判指導歴は数百回を超える。自ら「模擬裁判師」と名乗り、「フーテンの寅さん」の如く、（文学）模擬裁判を広めるために全国各地へ指導に赴く。

写真提供・撮影協力
伊東隆一／中村雅芳／PIXTA

ブックデザイン 佐野鶴子（装丁）、千浜悦子（本文）

定価はカバーに表示

文学模擬裁判のつくりかた 国語科と公民科をつなぐ。

2025 年 1 月 8 日 初版 第 1 刷発行

著 者	札埜 和男
発行者	野村 久一郎
発行所	株式会社 清水書院
	〒 102-0072
	東京都千代田区飯田橋 3-11-6
	電話 （03）5213-7151
	FAX （03）5213-7160
	http://www.shimizushoin.co.jp/
印刷所	株式会社 三秀舎

●落丁・乱丁本はお取り替えいたします。

本書の無断複写は著作権法上での例外を除き禁じられています。複写される場合は、そのつど事前に、（社）出版者著作権管理機構（電話 03-5244-5088、FAX03-5244-5089、e-mail：info@jcopy.or.jp）の許諾を得てください。

Printed in Japan ISBN978-4-389-50154-9